KREOLISCHE KÜCHE

KREOLISCHE KÜCHE

SUE MULLIN

100 EXOTISCHE REZEPTE VON DEN KARIBISCHEN INSELN

KÖNEMANN

Copyright © 1993 Quintet Publishing Limited.
All rights reserved. No part of this publication may be reproduced, stored in a retrieval system or transmitted in any form or by any means, electronic, mechanical, photocopying, recording or otherwise, without the permission of the copyright holder.

This book was designed and produced by
Quintet Publishing Limited
6 Blundell Street
London N7 9BH

Original title: Creole Cooking

Creative Director: Richard Dewing
Designer: Suzie Hopper
Project Editor: Stefanie Foster
Editor: Diana Vowles
Home Economy: Judith Kelsey
Photographer: Trevor Wood

© 1995 für die deutsche Ausgabe
Könemann Verlagsgesellschaft mbH
Bonner Straße 126, D-50968 Köln
Redaktion und Satz der deutschen Ausgabe:
Michael Ditter, Köln
Übersetzung aus dem Englischen: Angelika Feilhauer
Druck und Bindung: Sing Cheong Printing
Printed in Hong Kong
ISBN 3-89508-045-4

INHALT

Einleitung 6
Getränke 18
Vorspeisen und Snacks 28
Salate 38
Suppen 52
Fisch und Meeresfrüchte 62
Geflügel 72
Jerk-**Gerichte** 80
Fleisch 94
Beilagen 106
Brot und Desserts 118
Register 126

EINLEITUNG

Während sich die kreolische Küche über einen Zeitraum von 500 Jahren entwickelte und verfeinerte, kam sie nur langsam über die Küsten der Hunderte von kleinen Westindischen Inseln hinaus. Es scheint, als habe sich die exotische, pikante Küche der Karibik auf gemächliche, althergebrachte Weise ausgebreitet: von Mensch zu Mensch, von Insel zu Insel und schließlich von einer Welthalbkugel zur anderen.

Diese letzte Etappe ihrer Verbreitung ist auch dem Tourismus zu verdanken. Wer in der Karibik Urlaub macht, nimmt unweigerlich schöne Erinnerungen an die Köstlichkeiten der Inseln mit nach Hause zurück, von kleinen Imbissen, die an Strandbuden verkauft werden, bis zu feinen Gerichten, die in den eleganten Hotels und Restaurants der Urlaubsorte auf feinem Porzellan, großartig mit Hibiskusblüten dekoriert, serviert werden. Heute ist es dank des weltweiten Exports von exotischem Obst und Gemüse und der Nachfrage nach diesen Produkten recht einfach geworden, viele Speisen dieser aufregenden Küche nachzukochen. Außerdem existieren vielerorts auf der Welt westindische Gemeinschaften von z.T. beachtlicher Größe. Durch die rasche Ausbreitung des westindischen Karnevals auf zwei Kontinenten wird deutlich, wie groß das Interesse an der karibischen Kultur und Küche in verschiedenen Kulturkreisen mittlerweile ist. Nach der letzten Zählung finden in Großbritannien pro Jahr 18 westindische Karnevale statt, und Toronto ist jedes Jahr Schauplatz eines riesigen phantastischen Festes, Caribana genannt, das mehr als 3000 Teilnehmer und 200 000 Zuschauer anlockt.

Essen mag ein schlichtes Vergnügen sein, doch auf den westindischen Inseln liegt die Betonung in der Tat auf Vergnügen. Essen, so heißt es, sei in der Karibik der beliebteste Zeitvertreib, und selbst die Musik der Inseln nimmt Anleihen an der Küche. Ganze Rhythmen und Tänze sind nach Speisen benannt wie etwa die *Salsa* oder *Merengue*, und Lieder schwärmen von den Vorzügen in Wein geschmorter Ziege und gebratener grüner Kochbananen. Und Kinder lernen das Alphabet durch Reime, in denen jeder Buchstabe mit einem Gericht oder Nahrungsmittel der Inseln verknüpft ist.

DIE UREINWOHNER DER INSELN

Die Küche der Karibischen Inseln, eine der vielfältigsten dieser Welt, verdankt viel den indianischen Ureinwohnern. Schon viele Jahrhunderte vor der Landung von Christoph Kolumbus zogen die Aruak-Indianer dort Knoblauch, Chillies, Tabak, Mais, Baumwolle, Papayas, Guaven, Sapoten, Ananas und Maniok und vermahlten die Beeren, Knospen und Blätter von Bäumen und anderen Pflanzen zu Gewürzen. Aus Maniok stellten sie ein Konservierungsmittel her und bereiteten einen Eintopf aus Fleisch und Chilischoten zu, der unter der Bezeichnung *pepperpot* noch heute überall auf den Inseln gegessen wird. Überdies grillten sie Speisen über duftenden Holzfeuern und stellten Popcorn her. Sogar der Begriff *barbecue* – oder, spanisch, *barbacoa* – leitet sich von einem Wort der Taino ab, ein Stamm der Aruak, der einst Haiti bevölkerte. Wie einige Historiker meinen, fanden zudem Tomaten in vorkolumbianischer Zeit ihren Weg von Mexiko auf die Inseln und möglicherweise andere Nahrungsmittel wie Paprikaschoten, Kürbis und Schokolade. Eines der ersten Nahrungsmittel der Neuen Welt, das Kolumbus der spanischen Königin Isabella schenkte, war die karibische Süßkartoffel oder Batate. Richtige Kartoffeln, die aus dem kühleren Bergklima Südamerikas stammten, kamen erst später nach Europa.

Ein anderes Nahrungsmittel, das Kolumbus mit nach Hause zurückbrachte, gelangte zwar nicht über Nacht zu Ruhm wie die Süßkartoffel, hatte aber dennoch im Laufe der Zeit beispiellosen Erfolg. Innerhalb eines Jahrhunderts nach Kolumbus' erster Reise verbreiteten sich Chilischoten über ganz Asien, und heute sind sie das meistverwendete Gewürz der Welt. Indien hat den größten Pro-Kopf-Verbrauch, und in den USA verdrängten im Jahr 1991 Chilisaucen das Tomatenketchup von Platz Eins der beliebtesten Würzen.

DAS AFRIKANISCHE ERBE

Während die Aruak von anderen Indianern verdrängt wurden (vor allem von den kriegerischen Kariben) und den Krankheiten und Grausamkeiten des »Weißen Mannes« zum Opfer fielen, kam eine neue Gruppe von Menschen auf die Inseln, die ihre eigenen Garmethoden und Nahrungsmittel mitbrachten und sie in die indianische Küche mit ihren herrlichen Früchten und Knollen einbezogen. Bei diesen Menschen handelte es sich um Sklaven von der Westküste Afrikas, die im 17. Jahrhundert zu Tausenden mit Schiffen auf die Inseln geschafft worden waren, um in Zuckerrohrplantagen zu arbeiten. Mit den Sklaven gelangte eine Reihe von Wurzeln und Samen auf die Inseln, und bald gediehen dort Kichererbsen, Augenbohnen, Okraschoten und Grüngemüse wie die Blätter der Taropflanze, die *calalou* genannt werden.

Mit den zahllosen Arten an Fischen und Krustentieren, die in den Wassern der Karibik leben – Pompano, Zackenbarsch, Marlin, Thunfisch, Bernsteinmakrele, Meeräsche, Schnapper, Fliegender Fisch, Königsfisch, Hummer, Garnele, Krebse, Conch, Languste oder Barrakuda, um nur einige zu nennen – bilden die Meeresfrüchte einen weiteren Grundpfeiler der karibischen Küche. Rindfleischgerichte sind jüngeren Datums, und bei vielen Rezepten für Rind in diesem Buch handelt es sich um Variationen von Rezepten für Wild und Schwein.

Karneval in der Karibik.

KOLONIALE UND ANDERE EINFLÜSSE

Im Laufe der Zeit verbreiteten sich Gerichte von einer Insel zur anderen. Dabei erfuhren sie überraschend wenige Veränderungen, wenn man einmal davon absieht, daß sie vielleicht einen neuen Namen in der Sprache der jeweiligen Kolonialmacht erhielten, die die Insel regierte. Obwohl auch andere Rassen ihre verschiedenen Einflüsse hinterließen, ist das Fundament der karibischen Küche afro-indianisch. Aus diesem Grund ist wohl auch kreolisch eine etwas irreführende Bezeichnung, da es sich nicht um eine Küche der Nachkommen europäischer Einwanderer handelt, wie das Lexikon Kreolen definiert.

Dies heißt aber nicht, daß Europäer keinen nachhaltigen Einfluß auf die karibische Küche hatten. Von den vielen Europäern, die auf die Inseln kamen, bildeten Spanier, Franzosen und Briten die größten und einflußreichsten Gruppen. Die Spanier machten die Inselbewohner mit Kohl, Zwiebeln und Zuckerrohr bekannt, die Franzosen führten Schnittlauch und raffinierte Garmethoden wie das Pochieren von Fisch mit Gewürzen und Chillies ein. Und alle drei Gruppen hinterließen ihre Vorliebe für Klippfisch, den es noch heute auf den Inseln gibt.

Aus Spanien kamen auch Bitterorangen, aus denen später die Holländer auf ihrer Insel Curaçao den Likör gleichen Namens herstellten, und die meisten Historiker schreiben den Spaniern auch die Einführung von süßen Orangen, Limetten und Bananen zu. Nach der Meuterei auf der Bounty segelte der britische Kapitän William Bligh ein zweites Mal nach Tahiti und von dort aus nach Jamaica, mit einer Ladung tahitianischer Brotfrüchte an Bord, die als Nahrung für die Sklaven auf der Insel vorgesehen waren. Wie es scheint, aßen die Sklaven die teigigen Früchte jedoch nicht, sondern verfütterten sie an die Tiere. Einer

Die Karibischen Inseln gehören auch heute noch zu den idyllischsten Flecken der Erde.

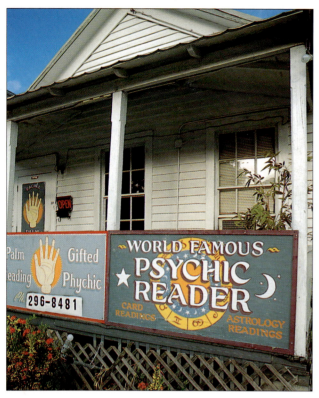

Wahrsager auf den Inseln.

anderen Frucht, die Bligh einführte, erging es da besser – nach dem Kapitän *Blighia sapida* genannt, aber besser bekannt unter dem Namen Aki. Heute werden Aki und Klippfisch mitunter als Nationalgericht Jamaicas betrachtet.

Die Briten führten zudem Blutwurst, Worcestershiresauce und Rum ein. Das Wort Rum ist englisch und leitet sich bezeichnenderweise von *rumbullion* ab, was Krawall bedeutet. Heute werden nicht nur Getränke, sondern auch schmackhafte Gerichte mit Rum zubereitet, den man aus dem Saft der hohen Zuckerrohrpflanzen herstellt, die sich überall auf den Inseln im Wind wiegen und angeblich von niemand geringerem als Christoph Kolumbus selbst bei seinem zweiten Besuch auf den Westindischen Inseln gepflanzt wurden. Ein braveres Getränk, welches die Briten über Grenada, Barbados und die Bahamas auf die Inseln einführten, war der Tee.

Auch spätere Einwanderer haben ihre Spuren hinterlassen. Auf St. Maarten, Aruba und Curaçao findet man Reistafeln, ein köstliches Erbe indonesischer Einwanderer auf diesen holländischen Inseln. Und auf Trinidad werden in den Haushalten und in Restaurants herrliche Currys zubereitet, nachdem 1834 Hindus, Moslems und Parsen in riesiger Zahl auf die unter britischer Herrschaft stehende Insel gekommen waren. Es ist kein Zufall, daß man in den Straßen von Port of Spain fast an jeder Ecke einen *roti*-Stand sieht, denn hier stellen Inder heute ungefähr die Hälfte der Bevölkerung. Dieser Einwanderungsstrom hielt auf vielen Inseln bis zum 19. Jahrhundert an, auch auf französisch besetzten wie Martinique oder Guadeloupe, wo es sich bei einem der »Nationalgerichte« mit dem Namen *colombo* tatsächlich um einen Curry handelt, der von Hindu-Arbeitern aus Bengalen eingeführt wurde.

Manche mögen's scharf

Ungeachtet dieser vielen Einflüsse aus so entfernt gelegenen Teilen der Welt lieben doch viele Bewohner der Karibik die gleichen Gerichte, und wenn auch ein Gericht auf der einen Insel vielleicht stärker gewürzt ist oder eine andere Konsistenz hat als auf der nächsten, werden doch im wesentlichen die gleichen Grundzutaten verwendet. Während etwa Cubaner schwarze Bohnen bevorzugen, mögen die Bewohner der meisten anderen Inseln rote Bohnen lieber. Auf den Virgin Islands bereitet man *calalou* gern mit Spinat zu, während man nach Dafürhalten anderer Insulaner für diese Suppe nur die Blätter der Taro-Pflanze verwenden darf. Die Bahamas sind seit langem für ihr Hefebrot berühmt, Cubaner mögen ihr Hefebrot getoastet und mit viel Butter und Knoblauch bestrichen, auf Trinidad bevorzugt man *parathas* nach indischer Art, die *roti* genannt werden, während man auf Barbados ein Brot ißt, das wir vielleicht als Früchtekuchen bezeichnen würden, da es reichlich Bataten, Kokosnuß, Obst, Gewürze und Rum enthält.

Es wäre möglich, anhand nur einer Pflanze einen Schnellkurs in der Geschichte der Inseln zu machen: der Chilischote. Auf Jamaica etwa benutzten geflohene Sklaven sie, um in den feuchten, heißen Regenwäldern, in denen sie sich versteckten, Nahrungsmittel haltbar zu machen. Später führten Hindus aus Bengalen auf Inseln von Trinidad und Tobago bis Martinique und Guadeloupe ihre Methoden zur Zubereitung von zähem Fleisch, etwa von Ziegen, ein und fügten ihren Marinaden dabei die heimischen Chilischoten hinzu. Auf diesen und benachbarten Inseln entwickelten sich Chilischoten zu einem Grundbestandteil vieler Gerichte. Andererseits werden auf Kuba – wo vermutlich der *habañero* (was wörtlich übersetzt »aus Havanna« heißt) ursprünglich herkommt – nur selten Chilischoten angebaut oder gegessen, denn die spanischen Siedler argwöhnten, er würde Tiere krank machen.

Viele Bewohner der Karibik können ihre Herkunft direkt auf Stämme in Afrika zurückverfolgen wie etwa die Haitianer, deren Vorfahren in Dahomey (heute Benin) lebten, einem kleinen Land in Westafrika. Den gleichen westafrikanischen Einfluß findet man heute in den USA in einigen Gerichten der kreolisch beeinflußten Cajun-Küche, insbesondere bei den mit Okras eingedickten Gumbos. In den 90er Jahren des 18. Jahrhunderts waren nämlich Franzosen auf der Flucht vor den Sklavenaufständen in Saint-Domingue, die mit der Ausrufung des unabhängigen Staates Haiti endeten, nach New Orleans gekommen und hatten ihre Köche mitgebracht.

Dennoch darf man die kreolische Küche der Karibik nicht mit kreolischen Cajun-Gerichten durcheinanderbringen. Die Einflüsse Akadiens und Elsaß-Lothringens, die in zahlreichen Gerichten von Louisiana und der Staaten am Golf von Mexiko so auffällig sind, spielen auf den Karibikinseln aufgrund ihrer unterschiedlichen Geschichte keine Rolle. In der kreolischen Küche der Karibik werden weit mehr Chilischoten, Tomaten, Tomatenmark, Schmalz, tropische Knollen, Früchte und Gewürze wie Piment, Zimt, Nelken, Ingwer und Muskatnuß verwendet als in der Cajun-Küche, dafür weniger Butter, Sahne, Bleichsellerie, Basilikum und *roux*, jene saucenartige Mischung aus Öl oder Butter und Mehl. Im Vergleich zu der herzhaften, ländlich geprägten Cajun-Küche ist die kreolische Küche eher aristokratisch.

Wie die karibische Küche ist der Karneval farbenfroh und prächtig.

Die zweite Entdeckung der Neuen Welt

Wie es scheint, wird heute die Neue Welt auf den Westindischen Inseln noch einmal entdeckt. Hervorragende Köche aus der ganzen Welt und von den Karibischen Inseln selbst haben sich entschlossen, auf ihrem eigenen kleinen Stück Paradies zu arbeiten und zu leben und bringen nun die *haute cuisine* in die Karibik. Falls Sie die Inseln einmal besuchen, sollten Sie nicht überrascht sein, wenn Sie dort auf der Speisekarte Gerichte wie Leguan *au vin* und Avocadoeiscreme finden.

Aus diesem Grund wurden in dieses Buch nicht nur einige der – was die Verfügbarkeit der Zutaten betrifft – leicht nachkochbaren traditionellen Gerichte der Inseln aufgenommen, sondern auch raffinierte Speisen, bei denen jene neuen Entdecker Pate standen, die Köche, die die Inseln zu ihrer Heimat gemacht haben und sich von den tropischen Früchten, Wurzelgemüsen und Gewürzen inspirieren ließen.

Rezepte für Wildziege, Waschbär, Seeigel und Opposumeintopf aus Trinidad habe ich weggelassen, und Puristen mögen mir verzeihen, daß ich auch auf *mannish water*, eine Suppe aus Ziegeninnereien, verzichten wollte. Viele dieser Zutaten sind ohnehin selbst in Miami, dem Tor zur Karibik, schwer erhältlich, ganz zu schweigen von entfernteren Teilen der Welt. Glücklicherweise erhält die karibische Küche ihren einzigartigen Charakter durch Beizen und Würzmischungen, für die man die Zutaten recht leicht bekommt, und die zudem leicht herzustellen und zu essen sind – vor allem, wenn man sie mit einem Daiquiri, einem *planter's punch* oder einer Tasse des besten Kaffees der Welt, jamaicanischem Blue Mountain, krönt.

Zutaten und Garmethoden

Chilischoten

Die Chilischoten der Karibik sind die *habañeros*, auch unter der Bezeichnung Vogelpfeffer bekannt – weil selbst die Vögel der Inseln eine Vorliebe für feurige Speisen entwickelt haben und sich über sie hermachen. Auf den Bahamas nennt man Chillies *Bahama Mama*. Ein anderer amüsanter Name ist *Scotch Bonnet*, der sich dadurch erklärt, daß das untere Ende der Schoten wie eine Schottenmütze aussieht. Die Schoten sind zunächst grün, färben sich mit dem Reifen aber Rot, Orange, Gelb oder Weiß und haben etwa die Größe von Eiertomaten. Sie gehören zu den schärfsten Chillies der Welt – während *jalapeño*-Chillies auf Rang 5 der Schärfeskala rangieren, stehen *habañeros* auf 10 und sind damit doppelt so scharf. Sie werden für alle Würzmischungen der Inseln (siehe unten), in vielen Saucen, Currys und Beizen wie auch in anderen Speisen, etwa Salaten, Suppen, Eintöpfen und Fettgebackenem, verwendet.

Bei den Rezepten dieses Buches kann man jede Chilischote als Ersatz nehmen. Frische Schoten haben die beste Beschaffenheit und leuchtendste Farbe. Bei der Verarbeitung von Chilischoten sollte man stets Gummihandschuhe tragen und sich keinesfalls ins Gesicht fassen. Der scharfe Chilisaft brennt furchtbar in den Augen. Außerdem ist es ratsam, zunächst ein winziges Stück zu probieren, bevor man entscheidet, wie viel man einem Gericht hinzufügt. Die Mengenangaben in den Rezepten sind als Empfehlungen zu betrachten. Wie Parfüm hat jede Chilischote ein ganz eigenes Wesen und wirkt auf jeden anders. In dem Kapitel *jerk*-Gerichte (Seite 81) stehen mehrere Rezepte für scharfe Chilisaucen. Als Ersatz können aber auch fertige Saucen verwenden werden, z.B. Tabasco-Sauce oder eine ähnliche scharfe Sauce. Doch welche Sauce man auch verwendet – man sollte daran denken, eine Flasche oder Schale mit weiterer Sauce zum Nachwürzen auf den Tisch zu stellen, wie es auf den Karibischen Inseln Sitte ist.

Fertige Würzen

Aus der Karibik werden einige fertige Saucen exportiert. Ihre Markennamen weisen bereits auf ihre hervorstechendste Eigenschaft, die Schärfe, hin: *Jamaica Hell-fire* (Jamaika Höllenfeuer), *Bonney Pepper Sauce* (Bonney Chilisauce), *Hell In A Bottle* (Hölle in der Flasche), *Trinidad Pepper Sauce* (Trinidad Chilisauce) oder *Melinda's XXXtra Hot Sauce* (Melindas extra scharfe Sauce). Hierzulande dürfte es schwer sein, diese original karibischen Saucen zu erhalten. Die größten Chancen hat man in Lebensmittelgeschäften, die sich auf exotische Waren spezialisiert haben. Ersatzweise erfüllen auch scharfe Würzen aus der asiatischen Küche, wie z.B. die rote Paste *Sambal Oelek* aus gemahlenen Chilischoten, ihren Zweck.

Die Tradition des *jerk*

Bereits lange, bevor Christoph Kolumbus die Karibischen Inseln entdeckte, konservierten die Aruak-Indianer ihr Fleisch, indem sie es in Streifen schnitten, mit Gewürzen und Chilischoten einrieben und dann langsam über einem Feuer aus duftendem Holz garten, bis es knochentrocken war, aber noch viel Geschmack hatte. Später übernahmen auf Jamaica geflohene afrikanische Sklaven, die sich in den Bergen versteckten, diese Methode, denn sie war ohnehin einem afrikanischen Verfahren ganz ähnlich, bei dem man in Stücke geschnittenes Fleisch so behandelte, daß es keine Fliegen anzog, und es dann zum Dörren in die Sonne legte. Das Fleisch, daß die Maroons, wie die Sklaven genannt wurden, in den Bergen räucherten, hielt sich im feuchtwarmen Klima der Tropen gut, und so verbreitete sich diese Methode. Auch in Nordamerika erlernten die ersten Trapper, Händler und Forscher von den dortigen Indianern eine ähnliche Konservierungsmethode, und als später Pioniere weiter nach Westen in Gebiete vordrangen, die von Mexikanern und Westküstenindianern bewohnt waren, prägten sie für das Dörrfleisch, das sie auf ihren langen Wanderungen am Leben hielt, den Begriff *jerk*. Die Worte *jerk* und *jerky* sind eine Verballhornung des spanischen Wortes *charqui*, das die Konquistadoren ihrerseits von den Quechua-Indianern Perus und Ecuadors übernommen hatten. (Linguisten verweisen darauf, daß das indianische Wort korrekt *escharqui* heißt, die Spanier aber die erste Silbe fallenließen.)

Während aus diesen Anfängen in den USA der Brauch entstand, auf Holzkohlengrills herrliche Steaks zuzubereiten, entwickelte sich auf Jamaica, Barbados, Trinidad, Tobago und anderen Westindischen Inseln um das *jerk* eine ganze Küche. Mit der Erfindung der Kühlung und modernen Lebensmittelverarbeitung erübrigte sich die Notwendigkeit, Fleisch durch Dörren haltbar zu machen, aber man schätzte auch weiterhin die Würzigkeit und zartmachenden Eigenschaften der bei dieser Methode verwendeten Beizen und Würzmischungen. Heute werden *jerk dishes* nach einer Vielzahl von Methoden zubereitet, doch auch die ursprüngliche Praxis, Fleisch über einem Feuer aus duftendem Pimentbaum- oder Guavenholz langsam zu grillen und zu räuchern, ist noch üblich. Man findet diese Garmethode in der gesamten Karibik, und so ist etwa die Insel Jamaica mit Hütten und Gruben, in denen *jerk* gegrillt wird, übersät. Derjenige, der dort Fleisch, Geflügel, Fisch oder Meeresfrüchte zubereitet, wird *jerk mon* genannt.

Auf den Inseln gibt es heute viele *jerk*-Würzmischungen. Die meisten enthalten eine Kombination aus Gewürzen der Inseln wie etwa Piment, Zimt, Muskatnuß und Chilischoten – getrocknet, püriert oder gehackt – sowie Zwiebeln und Knoblauch in der einen oder anderen Form. Manchmal werden auch saure Flüssigkeiten wie Limettensaft oder Essig zugegeben und süße Zutaten wie Zucker oder Melasse. Und in einigen besonders raffinierten Mischungen finden sich neben den bereits genannten Zutaten auch Kräuter und Würzen wie Worcestershiresauce, Sojasauce und Senf sowie andere Aromazutaten, die von Hühnerfond bis Rum reichen.

Obst, Kürbisse und Knollengemüse

Boniato Diese Knolle ist eine weißfleischige Form der tropischen Batate. Nach dem Garen hat sie glattes Fleisch und einen nur leicht süßlichen Geschmack. Nach Möglichkeit sollte man kleine Exemplare kaufen, da sie zarter sind. Falls man sie nicht bekommt, verwendet man als Ersatz andere Bataten oder weißfleischige Kartoffeln.

Kalabasse, Flaschenkürbis Fußballgroßer Kürbis mit orangefarbenem Fleisch, der gewöhnlich in Stücken verkauft wird. Kalabassen haben einen etwas süßlicheren Geschmack als die einfachen, riesigen Gemüsekürbisse. Als Ersatz eignet sich Butternußkürbis.

Maniok Große, stärkehaltige Knolle, die auch Kassave genannt wird, und in der afrikanischen, karibischen und lateinamerikanischen Küche Verwendung findet. Aus der Stärke der Wurzel wird Tapioka hergestellt. Die rohen Knollen enthalten Blausäure (bittere Sorten in größeren Mengen), die sich jedoch beim Kochen verflüchtigt. Mit ihrer braunen Korkschale und dem steinharten Fleisch sehen sie zudem nicht gerade hübsch aus. Auch die Zubereitung ist nicht einfach, da sie von einem fasrigen Strang durchzogen sind, aber wer die Mühe auf sich nimmt, wird mit einer schmackhaften Knolle belohnt, die die kräftigen Aromen der karibischen Küche in sich aufzusaugen scheint. Als Ersatz für Maniok können weißfleischige Kartoffeln verwendet werden.

Chayote Tropische kürbisähnliche Frucht, die wie eine deformierte grüne Birne aussieht. Sie muß gegart werden und schmeckt wie Gurke mit einer leicht säuerlichen Note. Chayote hält sich gut und verliert selten ihre Knackigkeit. Auf dem deutschen Markt ist sie leider noch recht selten zu finden.

Kokosnussmilch, Kokoscreme, Kokosflocken Kokosnußmilch darf nicht mit der Flüssigkeit in frischen Kokosnüssen verwechselt werden. Um sie herzustellen, übergießt man Kokosraspeln mit kochendem Wasser, püriert sie mit dem Schneidstab des Handrührgerätes oder im Mixer und gießt die Mischung dann durch ein Sieb. 450 ml Wasser und 200 g Kokosnuß ergeben Milch, aus 225 ml Wasser und 200 g Kokosnuß kann man Kokoscreme bereiten. Gesüßte Kokosnußmilch aus der Dose eignet sich gut für tropische Getränke und ist in asiatischen Lebensmittelgeschäften erhältlich. Will man gesüßte Kokosnußmilch selbst herstellen, läßt man 2 EL gesüßte Kokosraspeln 5 Min. im heißen Wasser ziehen. Um Kokosraspeln zu rösten, gibt man sie bei mittlerer Temperatur für 5 bis 6 Min. in eine Pfanne und rührt häufig um, bis sie goldbraun sind. Im Handel sind zumeist ungesüßte Kokosraspeln erhältlich.

Guave Walnuß- bis apfelgroße Frucht, die in Australien, Südafrika, einigen Teilen Südostasiens und auch in der Karibik angebaut wird. Für die einen schmeckt sie nach Erdbeeren, für die anderen nach Bananen und für dritte nach Ananas, doch für die meisten wie sonst nichts auf der Welt. Sie ist reif und süß, wenn die Schale leichtem Fingerdruck nachgibt.

Tannia Eine weitere stärkehaltige Knolle mit einer korkartigen Schale, die in der Karibik wie Kartoffeln verwendet wird und einen herrlich nussigen Geschmack hat.

Sapote Diese Frucht wird vor allem auf Kuba sehr geschätzt, wo sie als Nationalfrucht gilt. Sie hat eine braune lederartige Schale, lachsfarbenes Fleisch und glänzende dunkle Kerne. Im Geschmack erinnert sie an Pfirsiche, Zimt und Kürbis.

MANGO Frucht eines immergrünen tropischen Baumes, die etwa orangengroß ist und saftiges orangegelbes Fruchtfleisch hat. In der Karibik erntet man den ganzen Sommer hindurch Mangos; sie sind auch in Dosen erhältlich. Die meisten der vielen verschiedenen Formen sind zunächst grün und färben sich beim Reifen gelb, orange und rot. Am besten sollen die kleinen asiatischen Sorten schmecken. Mit leichtem Fingerdruck prüft man, ob eine Frucht wirklich weich und reif ist. Manche Menschen reagieren allergisch auf den Saft der Mango und bekommen bei Kontakt Schwellungen oder Blasen. In einem solchen Fall sollten Gummihandschuhe bei der Verarbeitung getragen werden. Einen perfekten Ersatz gibt es für Mango nicht, eine Mischung aus Pfirsichen, Ananas und Aprikosen hat aber ein ähnliches Aroma. Manche Köche verwenden ersatzweise Nektarinen.

PAPAYA In der Karibik gibt es das ganze Jahr Papayas in Hülle und Fülle. Sie haben etwa die Größe von Avocados und sind in einer endlosen Vielfalt von Formen und Farben erhältlich. Die Farbe des reifen Fleisches reicht von Blaßgelb bis Orangegelb. Unreife, grüne Papayas können wie Kürbis gegart werden. Reife Papayas verwendet man für Obstsalat und Dressings oder pochiert in Desserts. Um eine Papaya nachreifen zu lassen, legt man sie bei Raumtemperatur in eine dicke Papiertüte, in die man einige Löcher sticht. Nach einigen Tagen hat sie eine gelbrote Farbe angenommen. Die Papaya hat schwarze Samen, die köstlich nach Brunnenkresse schmecken und in Salat oder einer Vinaigrette verwendet werden können. Da ihr Saft Allergien hervorrufen kann, sollte man bei der Verarbeitung Gummihandschuhe tragen.

PASSIONSFRUCHT Diese äußerlich reizlose braunschalige Frucht ist etwa so groß wie ein Entenei und hat ungewöhnliches Fleisch, das wie eine Mischung aus Zitronen, Ananas und Guaven schmeckt.

GEMÜSEBANANE, KOCHBANANE Dieses stärkehaltige Mitglied der Bananengewächse muß gegart werden und hat elfenbeinfarbenes, gelbes oder rosa Fleisch. In der Küche werden entweder unreife Gemüsebananen mit grünen Schalen verwendet, die Stärke enthalten und nicht süß schmecken, oder reife Bananen, deren Schale sich bereits gelbbraun färben sollte. Falls man nur grüne Bananen bekommt, legt man diese bei 150°C in den Backofen, bis sich ihre Schale schwarz färbt und aufzuplatzen beginnt.

BITTERORANGENSAFT Den Saft der Bitterorange oder Pomeranze bekommt man gewöhnlich in Geschäften, die spanische Produkte führen. Der Pomeranzenbaum wurde von den Spaniern in die Karibik gebracht. Seine Früchte sind zum Essen zu sauer, doch auf den spanischsprachigen Inseln verwendet man ihren Saft häufig für Marinaden und für Curaçao, einen bekannten Likör. Aus den Früchten bereitet man zudem Marmelade zu. Als Ersatz für den Saft kann man einen Teil süßen Orangensaft mit einem Teil Limetten- oder Zitronensaft mischen.

KARAMBOLE Schneidet man diese gelbe, wachsartige Frucht quer auf, entstehen sternförmige Scheiben, weshalb sie auch den Namen Sternfrucht trägt. Sie ist eine kleine Schönheit mit einem frischen Duft, die im Januar Saison hat, und ihr säuerlich-süßer Geschmack verleiht Speisen »Pfiff«. Man ißt die Frucht ungeschält, und in Scheiben geschnitten ist sie eine hübsche Garnitur. Sorten mit weißer Schale sind im allgemeinen süß und schmecken nach einer Mischung aus Pflaumen, Äpfeln, Trauben mit einem Anflug von Zitrone. Wenn gelbe Früchte sehr enge Rippen haben, sind sie gewöhnlich etwas säuerlich.

HÜLSENFRÜCHTE

BOHNEN Da es heute nicht mehr in allen Fällen notwendig ist, getrocknete Bohnen einzuweichen, sollte man zunächst die Gebrauchsanweisung auf der Verpackung lesen. Wer die in einem Rezept angegebenen Bohnen nicht vorrätig hat, kann statt dessen beliebige andere Bohnen verwenden, denn in der Regel ist dies ohne weiteres möglich, und nur Puristen werden etwas dagegen einzuwenden haben. Man sollte berücksichtigen, daß Wein, Citrusfrüchte, Essig und Tomaten Säuren enthalten, die verhindern, daß Bohnen wirklich weich werden. Falls man diese Zutaten verwendet, gibt man sie daher erst zu, wenn die Bohnen beinahe gar sind.

AUGENBOHNEN Diese erbsenähnliche Bohne, auch Kuherbse genannt, stammt aus West- oder Zentralafrika und wird heute in der Karibik viel angebaut. Auch in diesem Fall sollte man die Gebrauchsanweisung lesen, um festzustellen, ob Einweichen notwendig ist. Wenn man Augenbohnen in ihrem Weichwasser gart, gehen weniger Nährstoffe verloren. Damit sie nicht aufplatzen, müssen sie langsam gegart werden.

STRAUCHBOHNEN Diese runden Samen von der Größe kleiner Gartenerbsen sind ebenfalls afrikanischen Ursprungs und werden auch Erbsenbohnen oder Taubenerbsen genannt. In der westindischen Küche sind sie sowohl frisch als auch getrocknet sehr beliebt. Man bekommt sie in Geschäften, die asiatische und westindische Lebensmittel führen. Als Ersatz kann man Kidneybohnen verwenden.

GEWÜRZE DER WESTINDISCHEN INSELN

Von den Westindischen Inseln stammen so viele herrliche Gewürze – Zimt, Nelken, Muskatnuß, Muskatblüte, Ingwer, Piment –, daß man gar nicht weiß, wo man mit einer Aufzählung beginnen soll. In den meisten Fällen handelt es sich aber um Gewürze, die weltweit bekannt sind und daher keiner Erklärung bedürfen. Allerdings sind einige Gewürzkombinationen in den Rezepten für Chilisaucen, Marinaden und *jerk*-Würzmischungen ungewöhnlich und aufregend. Natürlich schmecken Speisen bei weitem am besten, wenn man sie mit frischen Kräutern und Gewürzen zubereitet. Die zweitbeste Lösung ist, die Beeren, Knospen, Blätter oder Samen ganz und nur in kleinen Mengen zu kaufen. Blätter werden dann von Hand oder mit dem Nudelholz zerrieben, Samen und Beeren im Mörser oder in der Küchenmaschine gemahlen. Rote Gewürze sollte man in kleinen Gläsern im Kühlschrank aufbewahren, damit sie nicht oxidieren.

PIMENT Dieses auch als Nelkenpfeffer oder Jamaikapfeffer bekannte Gewürz kommt aus der Karibik, wo es für viele regionale Gerichte verwendet wird. Auch wenn es an Zimt, Nelken, Muskatnuß und Pfeffer erinnert, ist es ein eigenständiges Gewürz, bei dem es sich um die getrocknete Beere des Pimentbaumes handelt. Man sollte es nicht mit Pimientos verwechseln, winzigen milden Paprikaschoten, die häufig zum Füllen von Oliven verwendet werden. Während Piment in anderen Küchen oft nur für Gewürzkuchen benutzt wird, gibt man es auf den Westindischen Inseln in unzählige Gerichte. (Das duftende Holz des Pimentbaumes verwendet man für Grillfeuer.) Sie sollten auf Ihrem Gewürzbord Platz für Pimentbeeren schaffen, denn sie verleihen mild schmeckenden Nahrungsmitteln wie weißen Rüben, Bataten, Auberginen, roter Bete, Bohnen und Rindfleisch das gewisse Etwas.

KORIANDER Für dieses Kraut mit seinen breiten, flachen, gefiederten Blättern und seinem scharfen Geschmack gibt es keinen wirklichen Ersatz. Manche Köche verwenden glattblättrige Petersilie, die zwar ähnlich aussieht, aber überhaupt nicht wie Koriander schmeckt. Falls man Koriander nicht frisch bekommt, oder ihn nicht mag, sollte man ihn einfach weglassen. Bei den mit vielerlei Gewürzen angereicherten kreolischen Speisen, wird man ihn in der Regel nicht vermissen. Man sollte frischen Koriander nicht mit gemahlenem verwechseln, der aus den Früchten der Pflanze hergestellt wird und einen vollkommen anderen Geschmack hat. Und Hände weg von industriell getrockneten Korianderblättern, denn sie können wie scharfer Tabak schmecken.

TAMARINDE Die Tamarinde ist ein schöner Baum mit gefiederten Blättern und langen Hülsen mit zahlreichen Samen, die wie riesige braune Erbsenschoten aussehen. Ihr säuerliches braunes Fleisch ist eßbar und wird in der asiatischen und lateinamerikanischen wie auch in der karibischen Küche verwendet. In entsprechenden Lebensmittelgeschäften bekommt man tiefgekühltes oder getrocknetes Fruchtmark. Die frische Frucht kann man als Gemüse zubereiten, in Hagelzucker gewendet als Süßigkeit essen oder mit Wasser und Zucker vermischen, um ein Getränk herzustellen, das die spanischsprachigen Bewohner der Karibik *refresco* nennen. Wenn für ein Rezept Tamarindensaft gebraucht wird, läßt man einfach 75 g zerkrümelte getrocknete Tamarinde mit 350 ml Wasser 10 Min. in einem schweren Topf köcheln. Dann nimmt man die Mischung vom Herd, läßt sie 1 Std. ziehen und gießt sie dann durch ein feines Sieb in eine kleine Schüssel. Der Saft sollte die Konsistenz von Sahne haben. Ohne es zu wissen, essen Sie vielleicht schon seit Jahren Tamarinde – sie gehört zu den Zutaten von Worcestershiresauce.

VANILLE Bis zum 16. Jahrhundert war Vanille in Europa unbekannt. Vanilleschoten sind die Früchte einer tropischen Orchidee, die fermentiert werden, damit sie das ätherische Öl Vanillin entwickeln, welches ihnen ihr typisches Aroma verleiht. Sie schmecken süß, würzig, leicht holzig und ein wenig nach Schokolade. Durch das Hinzufügen von Vanilleschote erhalten Gerichte eine feine, raffinierte Note. Übrigbleibende Stücke kann man zur Zubereitung eines Extraktes verwenden – dazu legt man zwei in 5 cm lange Stücke geschnittene Vanilleschoten in einem fest verschließbaren Glas in 225 ml Weinbrand und läßt sie drei Monate ziehen, wobei man das Glas einmal wöchentlich schüttelt. Als Ersatz kann synthetisch hergestellte Vanilleessenz verwendet werden.

SPEZIALITÄTEN

CHORIZO Die Spanier brachten ihre Vorliebe für diese würzigen schwach geräucherten Würste aus Schweinefleisch auf die Inseln mit. Falls sie im Feinkostgeschäft nicht erhältlich sind, kann man statt dessen eine herzhafte Schweinemettwurst verwenden.

CONCH Das Fleisch dieser großen, 30 cm langen Molluske ist zäh, wird jedoch geklopft für viele westindische Gerichte verwendet. Die karibische Bezeichnung für die Schnecke lautet *lambi*. Sie wird auf einigen Inseln benutzt, auf anderen nennt man die Schnecke aber *concha* oder *conch* (ausgesprochen »konk«). Für die Rezepte dieses Buches eignet sich als Ersatz am besten Kalmar.

GHEE Da die kreolische Küche indisch beeinflußt ist, wird in manchen Rezepten Ghee verwendet. Hierbei handelt es sich einfach um Butter, die vollständig geklärt wurde, so daß sie stark erhitzt werden kann, ohne zu verbrennen. Ghee bekommt man in Geschäften, die asiatische und westindische Lebensmittel führen. Um es selbst zuzubereiten, gibt man Butter bei schwacher Hitze in eine schwere Pfanne. Wenn sie schmilzt und sich an der Oberfläche Eiweißflocken bilden, gießt man sie in einen Glaskrug. Nach einigen Minuten trennt sich die Butter in zwei Schichten, wobei die Eiweißflocken zu Boden gesunken sind. Dann gießt man das klare gelbe Fett in ein geeignetes verschließbares Behältnis. Im Kühlschrank hält sich Ghee wochenlang. Es kann auch eingefroren werden.

EINIGE WORTE ZU KOCHUTENSILIEN

Für die kreolische Küche sind keine ungewöhnlichen Kochutensilien notwendig – schließlich haben die Bewohner der Karibik lange Zeit unter Bedingungen gekocht, die viele als primitiv bezeichnen würden. Vor allem für die Cocktails im ersten Kapitel des Buches sollte aber idealerweise ein Mixer vorhanden sein. Für die nachfolgenden Gerichte genügt zum Pürieren in der Regel der Schneidstab des Handrührgerätes oder ein Pürierstab. Nach Möglichkeit sollte man säurebeständiges Kochgeschirr verwenden, um Korrosion zu verhindern, da viele kreolische Zutaten wie Limettensaft oder Essig säurehaltig sind.

GETRÄNKE

INHALT

Eine Palette von Daiquiris

Klassischer Daiquiri
Erdbeer-Eis-Daiquiri
Pfirsich-Daiquiri
Erdbeer-Bananen-Daiquiri
Passionsfrucht-Bananen-Daiquiri

Cocktails, Toddys und mehr

Vizepräsident
Präsidenten-Cocktail
Port Royal
Mojito
Greatfruit Grapefruit
Perfumed Holiday Rum
Heisser Rum mit Butter
Havana Yacht Club Cocktail

Eine Auswahl an Coladas

Piña Colada
Bananen-Colada
Erdbeer-Colada

Punch, Smoothies und Diverses

Smoothies aus tropischen Früchten
Planter's Punch
Piña Fizz
Papaya-Citrus-Shake
Bananen-Pfirsich-Smoothie

Frucht-Batidos

Batido nach eigener Wahl
Piña Batido
Passionsfrucht-Batido
Choco-Coco-Nana milkshake

Viele Cocktails werden mit Zuckersirup zubereitet, der ganz einfach hergestellt werden kann, indem man Wasser und Zucker im Verhältnis 1 zu 2 mischt und 5 Min. kocht. Am besten bereitet man eine größere Menge zu, damit er griffbereit ist, wenn man wieder einmal Lust auf den Geschmack der Westindischen Inseln hat. Er wird im Kühlschrank aufbewahrt.

Auch zerstoßenes Eis wird häufig für diese Getränke verwendet. Wenn man vorhat, sie öfters zuzubereiten, sollte man sich eine – handbetriebene oder elektrische – Eismühle zulegen. (Manche Küchenmaschinen eignen sich ebenfalls dafür. Dies sollte man der Gebrauchsanweisung entnehmen.) Im Notfall kann man die Eiswürfel aber auch in ein sauberes Küchentuch wickeln und mit dem Hammer zerkleinern.

Natürlich ist im Land des Zuckerrohrs der Rum das alkoholische Getränk Nummer Eins, aber es gibt zwischen dem weißen Rum etwa aus Puerto Rico und Cuba und dem Rum Jamaicas himmelweite Unterschiede, und ebenso unterscheidet sich der jamaicanische Rum von dem auf Barbados, Haiti und Martinique. Bedingt sind diese Unterschiede durch die verschiedenen Zuckerrohrprodukte und Destillationsverfahren, die benutzt werden. In den folgenden Rezepten wird für mit Citrusfrüchten zubereitete Getränke weißer Rum verwendet und brauner Raum, wenn dem Magen etwas kräftiger »eingeheizt« werden soll.

Von den herrlichen, frischen Tropenfrüchten einmal abgesehen, sind die meisten Zutaten für diese Getränke eigentlich in jeder gutbestückten Bar zu finden. Man sollte mit den vielen verschiedenen Rumsorten von den karibischen Inseln – eine ganze Reihe ist in kleinen Flaschen erhältlich – experimentieren und Fruchtsaftregale im Lebensmittelhandel inspizieren. Es sind zahlreiche interessante Fruchtsäfte aus exotischen Früchten erhältlich, die für diesen Zweck geeignet sind.

Wer ein erfrischendes alkoholfreies Getränke vorzieht, findet im Abschnitt Punch, Smoothies und Diverses (s. Seite 25) viele herrliche Vorschläge.

EINE PALETTE VON DAIQUIRIS

Um die Ursprünge des Daiquiri ranken sich viele Legenden, von denen die meisten sehr lang und verworren sind. Nach einer soll das Rezept geheim gewesen und nur im Zuge eines Einweihungsritus für eine Gruppe amerikanischer Offiziere gelüftet worden sein, die in der cubanischen Guantanamo Bay die Guantanamo Naval Station errichteten. Die Firma Bacardi, die in Cuba gegründet wurde und einer der führenden Rumproduzenten der Welt ist, bestätigt das so nicht, sondern schreibt vielmehr in einigen ihrer Werbebroschüren, das Getränk sei 1896 von einem amerikanischen Bergbauingenieur, der in den Daiquiri-Kupferminen arbeitete, erfunden worden. Heute gibt es nur wenige Leute, die je von den Minen gehört haben, doch das wunderbare Getränk kennt jeder.

KLASSISCHER DAIQUIRI
FÜR 1 PERSON

50 ml weißer Rum
1 TL Zuckersirup
40 ml frisch gepreßter Limettensaft
Grenadine (nach Wunsch)

Die Zutaten in einem Shaker, im Mixer oder in der Küchenmaschine vermischen. Nach Wunsch mit Grenadine etwas süßen. In einem gekühlten Glas auf zerstoßenem Eis servieren.

ERDBEER-EIS-DAIQUIRI
FÜR 2 PERSONEN

100 ml weißer Rum
175 g zerstoßenes Eis
150 g in Scheiben geschnittene frische Erdbeeren
65 ml Erdbeersirup
450 ml Vanilleeiscreme

Alle Zutaten in einem Shaker, im Mixer oder in der Küchenmaschine vermischen. In gekühlten Gläsern servieren.

PFIRSICH-DAIQUIRI
FÜR 4 PERSONEN

*225 ml weißer Rum
2 nicht zu reife Pfirsiche, gehäutet und entsteint, oder Pfirsiche aus der Dose, gut abgetropft und mit Küchenkrepp trockengetupft
1 mittelgroße Banane
175 ml Zitronen-Limetten-Limonade
1 TL Honig
½ TL Vanille-Extrakt
¼ TL gemahlener Zimt
175 bis 350 g zerstoßenes Eis
Pfirsichscheiben zum Garnieren (nach Wunsch)*

Rum, Pfirsiche, Banane, Limonade, Honig, Vanille-Extrakt und Zimt im Mixer oder in den Küchenmaschine pürieren. 75 g Eis hinzufügen und die Mischung glattpürieren. In vier Gläser gießen, nach Wunsch weiteres Eis hinzufügen. Mit Pfirsichscheiben garnieren.

ERDBEER-BANANEN-DAIQUIRI
FÜR 3 PERSONEN

*225 ml weißer Rum
275 g frische Erdbeeren, geputzt
1 große Banane
175 ml Limettensirup
2 ½ EL frisch gepreßter Limettensaft*

Die Zutaten im Mixer oder in der Küchenmaschine glattpürieren. Eiswürfel hinzufügen und das Gerät noch einmal einige Sekunden einschalten. Das Getränk in gekühlten Gläsern servieren.

PASSIONSFRUCHT-BANANEN-DAIQUIRI
Für 3 Personen

75 ml weißer Rum
1 reife Banane
50 ml Passionsfruchtsaft oder -nektar
25 ml tiefgekühltes Orangensaftkonzentrat
500 ml zerstoßenes Eis
3 Orangenscheiben zum Garnieren

Rum, Banane, Passionsfruchtsaft, Orangensaftkonzentrat und die Hälfte des zerstoßenen Eises im Mixer oder in der Küchenmaschine glattpürieren. Auf drei Gläser verteilen und, falls gewünscht, noch etwas Eis hinzufügen. Mit jeweils einer Orangenscheibe garnieren.

COCKTAILS, TODDYS UND MEHR

VIZEPRÄSIDENT
Für 1 Person

25 ml weißer Rum, gekühlt
25 ml trockener Wermut, gekühlt
ein Spritzer Grenadine

Die Zutaten in einem Shaker, im Mixer oder in der Küchenmaschine vermischen und in gekühlten Gläsern servieren.

PRÄSIDENTEN-COCKTAIL
Für 1 Person

Dieser beliebte Cocktail wird überall auf den spanischsprachigen Inseln getrunken.

40 ml weißer Rum, gekühlt
1 TL trockener Wermut, gekühlt
1 TL Zitronen- oder Limettensaft
ein Spritzer Grenadine
ein Spritzer Curaçao

Die Zutaten in einem Shaker, im Mixer oder in der Küchenmaschine vermischen und in einem gekühlten Glas servieren.

PORT ROYAL
Für 1 Person

Angeblich läutet jedesmal, wenn jemand diesen großartigen Drink zu sich nimmt, eine Kirchenglocke, die während eines Sturms bei Port Royal in den Ozean geschleudert wurde.

40 ml dunkler Jamaicarum
40 ml Tia Maria (Mokkalikör)
1 TL Limettensaft

Die Zutaten in ein eisgekühltes Glas gießen, umrühren und servieren.

MOJITO
Für 1 Person

Das Wort *mojito* bedeutet Seele, und wenn irgendein Getränk eine Seele hat, dann ist es dieses.

2 Eiswürfel
Saft von 1 Limette
2 Tropfen Angostura Bitter
50 ml weißer Rum
etwas Mineralwasser
1 frisches Minzeblatt zum Garnieren

Die Eiswürfel in ein hohes, eisgekühltes Glas geben und Limettensaft, Rum und Mineralwasser hinzufügen. Einmal umrühren und mit dem Minzeblatt garniert servieren.

Greatfruit Grapefruit.

GREATFRUIT GRAPEFRUIT
FÜR 2 PERSONEN

Die edle Grapefruit wird bei der Zubereitung von Cocktails oft vergessen. In diesem Fall ist sie garantiert ein Erfolg.

½ Grapefruit, geschält und entkernt
225 ml Orangensaft
50 ml Orangenlikör
50 ml weißer Rum (nach Wunsch)

Die Grapefruit im Mixer oder in der Küchenmaschine pürieren. Orangensaft, Likör und, falls gewünscht, Rum hinzufügen. Auf zerstoßenem Eis in gekühlten Gläsern servieren.

PERFUMED HOLIDAY RUM
FÜR EINE RUNDE FRÖHLICHER GÄSTE

Dies ist ein herrliches Getränk für Weihnachten.

1 l brauner Jamaicarum
4 bis 5 ganze Nelken
2 Pimentkörner
1 bis 2 Anissamen
1 ganze Vanilleschote
1 Zimtstange

Den Rum in eine Flasche füllen und die Gewürze hinzufügen. Die Flasche verschließen und 30 Tage lagern, zwischendurch hin und wieder wenden, um das Aroma zu verteilen.

HEISSER RUM MIT BUTTER
FÜR 1 PERSON

Dies ist ein seit langem beliebtes Getränk.

1 TL dunkelbrauner Zucker
½ TL weiche Butter
40 ml brauner Jamaicarum
4 ganze Nelken

Den Zucker in einen hitzebeständigen Becher geben und in etwas kochendem Wasser auflösen. Sofort die Butter mit einem Löffel in das Zuckerwasser rühren, dann Rum und Nelken hinzufügen. Mit heißem Wasser auffüllen, den Löffel nicht aus dem Becher nehmen.

HAVANA YACHT CLUB COCKTAIL
FÜR 1 PERSON

50 ml hochprozentiger weißer Rum
25 ml süßer Wermut
ein Spritzer Aprikosenbrand
Julienne von Orange zum Garnieren

Die Zutaten in einem Shaker, im Mixer oder in der Küchenmaschine vermischen und in einem eisgekühlten Glas mit Julienne verziert servieren.

Havana Yacht Club Cocktail.

Eine Auswahl an Coladas

Piña Colada
Für 1 Person

Dieses international bekannte Getränk wurde in Puerto Rico erfunden.

25 g Kokoscreme
50 ml ungesüßter Ananassaft
25 ml Sahne
50 ml weißer oder brauner Rum
175 g zerstoßenes Eis

Kokoscreme, Ananassaft, Sahne, Rum und die Hälfte des zerstoßenen Eises in einem Shaker, im Mixer oder in der Küchenmaschine vermischen. Auf dem restlichen Eis in einem eisgekühlten Glas sofort servieren.

Bananen-Colada
Für 1 Person

25 g Kokoscreme
½ reife Banane, zerdrückt
50 ml weißer oder brauner Rum
175 g zerstoßenes Eis

Kokoscreme, Banane, Rum und die Hälfte des zerstoßenen Eises in einem Shaker, im Mixer oder in der Küchenmaschine vermischen. Auf dem restlichen Eis in einem gekühlten Glas sofort servieren.

Erdbeer-Colada
Für 1 Person

25 g Kokoscreme
6 frische Erdbeeren, geputzt und püriert
50 ml weißer oder brauner Rum
175 g zerstoßenes Eis

Kokoscreme, Erdbeeren, Rum und die Hälfte des zerstoßenen Eises in einem Shaker, im Mixer oder in der Küchenmaschine vermischen. Auf dem restlichen Eis in einem gekühlten Glas sofort servieren.

Getränke

Punch, Smoothies und Diverses

Planter's Punch
Für 1 Person

Beim Genuß dieses Klassikers kann man sich gut vorstellen, auf einer von Bougainvillea eingerahmten Veranda zu sitzen und an diesem großartigen Getränk zu nippen, während man sich mit einem Fächer Luft zufächelt.

2 TL Zucker
25 ml Zitronen- oder Limettensaft
25 ml Orangensaft
40 ml weißer Rum
40 ml brauner Rum
ein Spritzer Grenadine (nach Wunsch)
eine Scheibe Ananas zum Garnieren

In einem Shaker den Zucker im Zitronen- oder Limettensaft und dem Orangensaft auflösen. Rum und Grenadine zufügen, mit zerstoßenem Eis auffüllen und gut schütteln. In ein hohes Glas mit zerstoßenem Eis gießen und dabei rühren. Mit einer Ananasscheibe, einer Kirsche, einer Zitronen- oder Limettenscheibe, einer halben Orangenscheibe oder einem Minzestengel garnieren. Mit Strohhalm servieren.

Smoothies aus tropischen Früchten
Für 4 Personen

450 ml ungesüßter Orangensaft
15 g Puderzucker
2 EL frisch gepreßter Limettensaft
275 g in Scheiben geschnittene frische Erbeeren, Himbeeren, Pfirsiche, Nektarinen, Bananen, Mango, Papaya, Guave
3 EL Marmelade, wie Erdbeeren, Pfirsich oder Orangen
1 TL Vanille-Extrakt
4 Limetten- oder Orangenscheiben oder Minzestengel (nach Wunsch)

Orangensaft, Puderzucker und Limettensaft vermischen, in eine quadratische, 20 cm große Backform gießen und gefrieren. Die gefrorene Saftmischung zerkleinern und zusammen mit Früchten, Fruchtaufstrich und Vanille-Extrakt im Mixer oder in der Küchenmaschine glattpürieren. In Gläser gießen und sofort servieren, falls gewünscht mit Limetten- oder Orangenscheiben oder einem Minzestengel garniert.

Piña Fizz
Für 8 Personen

Dieses Getränk kann auch alkoholfrei zubereitet werden. Wenn man bei einer Party beide Versionen serviert, kann man zur Unterscheidung die Gläser, die Rum enthalten mit einer Orangenscheibe garnieren.

225 ml Orangensaft
225 ml Mangosaft
450 ml Ananassaft
450 ml Orangensorbet
1 El Grenadine
225 ml Sodawasser
100 ml weißer Rum (nach Wunsch)
½ TL Angostura Bitter (nach Wunsch)

Säfte, Sorbet und Grenadine im Mixer oder in der Küchenmaschine gut vermischen. Das Sodawasser und, falls verwendet, Rum und Angostura Bitter einrühren. In gekühlten Gläsern servieren.

GETRÄNKE

Papaya-Citrus-Shake.

PAPAYA-CITRUS-SHAKE

FÜR 4 PERSONEN

1 Papaya (etwa 450 g), geschält, entkernt und in 1 cm große Stücke geschnitten
100 ml frisch gepreßter Limettensaft
450 ml Zitronen- oder Limettensorbet
175 g Eiswürfel
Limettenscheiben zum Garnieren

Papayastücke, Limettensaft, Sorbet im Mixer pürieren. Die Mischung in gekühlte Gläser gießen und mit Limettenscheiben garnieren.

BANANEN-PFIRSICH-SMOOTHIE

FÜR 4 PERSONEN

600 ml Orangen und Mango-Fruchtsaft
1 mittelgroße, reife Banane, in Scheiben geschnitten
60 g geschälte und in Scheiben geschnittene frische Pfirsiche
15 g Zucker
1 TL Vanille- oder Mandel-Extrakt

Das Fruchtsaftgetränk in einer großen, quadratischen Backform gefrieren, dann in Stücke brechen. Die Eisstücke mit den restlichen Zutaten im Mixer oder in der Küchenmaschine pürieren. Sofort servieren.

Frucht-Batidos

Inselbewohner nennen Mixgetränke aus Milch und Früchten *batidos*, was »Geschlagene« bedeutet. Die ohnehin schon cremigen tropischen Früchte werden durch das Hinzufügen von Milch noch samtiger und voller im Geschmack.

Batido nach eigener Wahl
Für 1 Person

75 g zerstoßenes Eis
Wahlweise 1 mittelgroße Papaya, Mango, Banane oder Sapote, in Stücke geschnitten
100 g kalte Milch
100 g Vanilleeiscreme, etwas angetaut
25 g Zucker

Alle Zutaten im Mixer oder in der Küchenmaschine glattpürieren, dann in einem eisgekühlten Glas servieren.

Piña Batido – Ananas-Shake
Für 2 Personen

450 ml Milch
225 ml ungesüßter Ananassaft, gekühlt
50 g zerstoßenes Eis
40 g Zucker
2 EL Orangensaft
1 TL Zitronensaft

Alle Zutaten im Mixer oder in der Küchenmaschine gut vermischen und in geeisten Gläsern servieren.

Passionsfrucht-Batido
Für 2 Personen

450 ml Milch
225 ml Passionsfruchtnektar, gekühlt
50 g zerstoßenes Eis
Zucker nach Geschmack
2 EL Orangensaft
1 TL Zitronensaft

Alle Zutaten im Mixer oder in der Küchenmaschine gut vermischen und in geeisten Gläsern servieren.

Choco-Coco-Nana milkshake
Für 4 Personen

450 ml fettarme Milch
2 mittelgroße Bananen, in Scheiben geschnitten
50 ml Schokoladensauce
1 EL Puderzucker
½ TL Kokosnußaroma

Die Milch in einer 20 cm großen, quadratischen Backform gefrieren. 5 Minuten stehenlassen, dann in Stücke brechen und mit den restlichen Zutaten im Mixer oder in der Küchenmaschine glattpürieren. Sofort servieren.

VORSPEISEN UND SNACKS

INHALT

GARNELEN MIT DILL
IM RÄUCHERFISCHMANTEL

PIKANTE FLEISCHTASCHEN

ROTIS MIT CURRYHUHN-FÜLLUNG

GARNELEN-PITTA-KANAPEES

»STAMP AND GO« –
KLIPPFISCHKLÖSSCHEN

FRITIERTE *CONCH*-KLÖSSCHEN
MIT ZWEI KALTEN DIPS

KANAPEES MIT RAHMFRISCHKÄSE

KNUSPRIGE GARNELENKANAPEES
MIT INGWERMAYONNAISE

RÄUCHERFISCH-AUFSTRICH

Garnelen mit Dill im Räucherfischmantel
Für 4 bis 6 Personen

Diese feine Vorspeise bekommt man auf den Inseln in jedem der feudalen Restaurants. Anstelle von karibischem Königsfisch kann beinahe jeder in dünne Scheiben geschnittene geräucherte Fisch verwendet werden, der allerdings haut- und grätenfrei sein muß. Die Garnelen sollten sehr dick sein, da sie geschmacklich sonst neben dem Räucherfisch verblassen. Mit einer Garnitur aus Dill und Kirschtomaten sieht die Platte noch dekorativer aus.

2 EL frisch gepreßter Limetten- oder Zitronensaft
½ TL Salz
1 EL gehackter frischer Koriander
65 ml Olivenöl
1 EL gehackter frischer Dill
frisch gemahlener weißer Pfeffer

24 gegarte Riesengarnelen, geschält und Darm entfernt
100 g geräucherter Königsfisch, in dünne Scheiben geschnitten und gekühlt

Garnitur
frische Dillstengel (nach Wunsch)
Kirschtomaten (nach Wunsch)

Limetten- oder Zitronensaft, Salz, Koriander, Olivenöl, Dill und Pfeffer in einer Glasschüssel vermischen. Die Garnelen unterheben und zugedeckt 2 Std. durchziehen lassen. Die Fischscheiben längs in 8 mm breite Streifen schneiden. Einen Streifen um jede Garnele wickeln und mit einem Zahnstocher zusammenstecken. Garnieren und servieren.

Pikante Fleischtaschen
8 bis 10 grössere oder 16 bis 20 kleinere Taschen

Diese beliebten karibischen Teigtaschen bereitet jeder Koch von Jamaica selbst bis nach New York und London ganz individuell zu. Hier wird ein unüblicher Teig mit Rahmfrischkäse verwendet, um den Teigtaschen eine exklusive Note zu geben, doch ganz gewöhnlicher Mürbeteig eignet sich ebenso gut. Mundgerechte, kleine Taschen sind großartige Appetithäppchen. Übrigbleibende Taschen können eingefroren werden.

Teig
100 g Mehl
¼ TL Salz
100 g kalte Butter
125 g weicher Rahmfrischkäse

Füllung
1 EL Pflanzenöl
750 g mageres Rindfleisch, gehackt
1 mittelgroße Zwiebel, feingehackt
3 Knoblauchzehen, zerdrückt
1 EL entkernte und sehr feingehackte Chilischote
3 Frühlingszwiebeln, gehackt
1 EL Currypulver
½ TL gemahlener Kreuzkümmel
1 EL Thymian
40 g feine Kräckerbrösel
100 ml Rinder- oder Hühnerbouillon
2 EL feingehackter frischer Koriander
Salz und frisch gemahlener schwarzer Pfeffer

Mehl und Salz in eine Schüssel sieben, dann die Butter und den Frischrahmkäse mit den Händen einarbeiten. (Oder die Zutaten in der Küchenmaschine zu einem krümeligen Teig vermischen.) Für 24 Std. kalt stellen.

Am nächsten Tag den Backofen auf 230°C vorheizen und die Füllung zubereiten: In einer Pfanne das Öl bei mittlerer Temperatur erhitzen. Rindfleisch, Zwiebel, Knoblauch, Chilischote und Frühlingszwiebeln hinzufügen. Unter ständigem Rühren braten, bis das Hackfleisch krümelig und gebräunt ist. Currypulver, Kreuzkümmel, Thymian, Kräckerbrösel, Bouillon, Koriander hinzufügen und mit Salz und Pfeffer abschmecken. Die Zutaten 20 Min. im offenen Topf köcheln lassen, dabei häufig umrühren. Garflüssigkeit abgießen und die Fleischmischung zum Abkühlen beiseite stellen.

Während das Hackfleisch abkühlt, den Teig 5 mm dick ausrollen und mit einem Glas oder einer Plätzchenform Kreise von etwa 7,5 cm Durchmesser ausstechen. Die Scheiben auf ein gefettetes Backblech legen. In die Mitte jeder Scheibe 1 EL Fleischfüllung setzen. Die Ränder befeuchten. Die Teigscheiben zusammenfalten und die Ränder mit einer Gabel zusammendrücken. Die Taschen etwa 20 Min. backen, bis sie goldbraun sind.

ROTIS MIT CURRYHUHN-FÜLLUNG
FÜR 4 BIS 6 PERSONEN

Diese gefüllten Teigfladen sind die westindischen Verwandten der indischen *parathas* und mexikanischen *burritos*. Sie sind auf Trinidad, Grenada, St. Lucia und auf vielen anderen Inseln sehr beliebt, wo man sie *roti* nennt, was einfach Brot bedeutet. Die ungefüllten *pooris* kann man als Brot zu jedem Currygericht oder auch zu der Füllung auf Seite 31 oder den Klippfisch-Klößchen auf Seite 34 servieren.

Poori-Teig
450 g Weizenvollkornmehl
2 TL Salz
200 ml fettarme Milch
25 bis 40 g Butter oder **ghee** *(s. Seite 17)*
Pflanzenöl (zum Ausbacken der **pooris** *und für die Füllung)*

Füllung
450 g Hühnerfleisch, gehäutet und entbeint, in 4 cm große Würfel geschnitten
1 mittelgroße Zwiebel, feingehackt
½ TL Knoblauch, zerdrückt
¼ TL Chilisauce
½ TL Salz
1 EL Currypulver
⅛ TL gemahlener Ingwer
⅛ TL gemahlener Kreuzkümmel
¼ EL frisch gemahlener schwarzer Pfeffer
50 ml trockener Weißwein
2 Kochäpfel, nach Entfernen des Kerngehäuses gehackt, weichgegart und abgetropft (nach Wunsch)

Für den Teig Mehl und Salz zusammen in eine kleine Schüssel sieben, dann langsam die Milch dazugeben. (Wenn der Teig zu trocken ist, tropfenweise noch etwas Milch hinzufügen.) Die Zutaten etwa 5 Min. kneten, bis ein glatter Teig entstanden ist. Über Nacht in einem fest verschlossenen Behälter in den Kühlschrank stellen.

Am nächsten Tag den Teig in zwei Stücke teilen und zu 8 mm dicken Platten ausrollen. Aus jeder Platte 15 bis 20 cm große Kreise ausschneiden. (z.B. mit einer kleinen Schüssel.) Da der Teig geschmeidig ist, läßt er sich dehnen, indem die Kreise mit der Handfläche auseinandergedrückt werden. Es sollten etwa acht Kreise vorhanden sein. Falls Teig übrig ist, noch ein oder zwei *pooris* herstellen. Die Fladen mit Butter oder *ghee* bestreichen und in der Mitte zusammenfalten. Mit den Fingern großzügig Butter oder *ghee* auf der ganzen Oberseite verteilen und die Fladen noch zweimal zusammenfalten, dabei jedesmal beide Seiten der entstandenen Teigkeile mit Fett bestreichen. Abdecken und beiseite stellen.

Hühnerfleischwürfel mit Zwiebel, Knoblauch, Chilisauce, Salz, Currypulver, Ingwer, Kreuzkümmel, Pfeffer und Wein in einer Schüssel vermischen und zwei Stunden durchziehen lassen, dabei gelegentlich durchmischen. Die beim Marinieren entstandene Flüssigkeit abgießen. Dann das Öl in einem Topf bei mittlerer Temperatur erhitzen. Das Hühnerfleisch hineingeben und unter ständigem Rühren etwa 5 Min. braten, dann die Hitze reduzieren und das Fleisch in weiteren 5 Min. durch garen. Sofern verwendet, die Äpfel hinzufügen. Warm stellen.

Die Teigkreise auseinanderfalten. In eine Pfanne ½ cm hoch Öl gießen und das Öl erhitzen. Nacheinander jeweils zwei *pooris* in die Bratpfanne legen und auf jeder Seite 2 Min. fritieren, bis sie leicht gebräunt sind. Zum Warmhalten in ein sauberes Küchentuch schlagen. Mit dem restlichen Teig genauso verfahren.

Wenn der letzte Fladen fritiert ist, 2 EL Fleischfüllung auf jeden Fladen verteilen. Die Teigfladen in der Mitte zusammenfalten und servieren. Sollten die fritierten *rotis* kalt geworden sein, werden sie in einer kleinen Menge Öl erhitzt oder, in eine doppelte Lage leicht angefeuchtetes Küchenkrepp eingeschlagen, im Mikrowellengerät erwärmt.

GARNELEN-PITTA-KANAPEES
FÜR 4 BIS 6 PERSONEN

Für dieses Rezept läßt man die Garnelen in einer würzigen Marinade nach Möglichkeit eine ganze Nacht durchziehen. Man kann sie für eine Party ausgezeichnet im voraus zubereiten. Vor dem Servieren muß dann nur noch das *pitta*-Brot getoastet werden!

50 ml Apfelessig
65 ml Pflanzenöl
1½ TL Zucker
1 TL Worcestershiresauce
¼ TL Chilisauce (s. Seite 96)
½ TL Senfpulver (ersatzweise Senf)
1 TL frische geschälte und geriebene Ingwerwurzel
Salz und frisch gemahlener Pfeffer
225 g gegarte Riesengarnelen, geschält und Darm entfernt
¼ rote Paprikaschote, in dünne Streifen geschnitten
¼ gelbe Paprikaschote, in dünne Streifen geschnitten
¼ grüne Paprikaschote, in dünne Streifen geschnitten
1 EL feingehackter frischer Koriander
zerstoßene, getrocknete rote Chilischote (nach Wunsch)
4 große oder 8 kleine pitta-Brote, in etwa 12 Stücke geschnitten und leicht getoastet
Korianderstengel zum Garnieren

Essig, Öl, Zucker, Worcestershiresauce, Chilisauce, Senfpulver bzw. Senf und Ingwerwurzel in einem Topf vermischen und mit Salz und Pfeffer abschmecken. Zum Kochen bringen und unter gelegentlichem Rühren 5 Min. garen lassen. Die Garnelen hinzufügen und in ca. 3 Min. garziehen lassen. Den Topfinhalt in eine Schüssel geben, die Paprika hinzufügen. Gut umrühren. Abgedeckt für mindestens 2 Std. oder aber über Nacht kalt stellen.

Die Mischung abtropfen lassen, die Marinade weggießen. Koriander, sofern verwendet, und zerstoßene Chilischote unter die Garnelen mischen und mit Salz und Pfeffer abschmecken. Garnelen und Paprikastreifen auf die *pitta*-Brot-Stücke verteilen und mit Korianderstengeln garnieren.

»Stamp and go« – Klippfischklösschen

Diese Klippfischklößchen wurden in Jamaica einst in einfachen Hütten beim Meer verkauft, wo man sie in Papier einwickelte, auf das man »bezahlt« stempelte – dies erklärt ihren englischen Namen. Die Bewohner der spanisch-sprachigen Inseln nennen Klippfisch *bacalao* und bereiten ganz ähnliche Klippfischklößchen zu. Der Klippfisch stammt aus der Zeit vor der Erfindung moderner Kühlmethoden. Damals mußte man Fische einsalzen und trocknen, um sie haltbar zu machen. Diese Konservierungsmethode hat sich bis heute gehalten.

225 g Klippfisch
100 g Mehl
1 TL Backpulver
¼ TL Salz
1 Ei, verquirlt
175 ml Milch
15 g Butter, zerlassen
2 mittelgroße Zwiebeln, gehackt
½ TL gehackte Chilischote oder ¼ TL Chilipulver
Pflanzenöl zum Fritieren

Den Klippfisch unter kaltem Wasser waschen, dann über Nacht in einer Schüssel mit Wasser einweichen. Abtropfen lassen, abspülen und in einem Topf mit kochendem Wasser bedeckt etwa 20 Min. leise köcheln lassen. Abtropfen lassen, Haut und Gräten entfernen und den Fisch mit den Fingern fein zerpflücken, dabei auf kleine Gräten achten.

Mehl, Backpulver und Salz zusammen in eine Schüssel sieben. Ei, Milch und Butter vermischen und unter die Mehlmischung rühren. Klippfisch, Zwiebeln und Chilischote hinzufügen und alles gut vermischen. Das Öl in einem schweren Topf auf 190°C erhitzen. Die Fischmasse eßlöffelweise hineingeben und goldbraun fritieren. Auf Küchenkrepp abtropfen lassen und heiß servieren.

Fritierte Conch-klösschen mit zwei kalten Dips
Für 4 bis 6 Personen

450 g Conch oder Kalmar
3 Bleichselleriestangen, feingehackt
1 Zwiebel, feingehackt
100 g Butter
1 TL sehr feingehackte Chilischote
eine Prise Thymian
eine Prise Basilikum
eine Prise Oregano
eine Prise Salz
eine Prise frisch gemahlener Pfeffer
¼ TL Backpulver
4 Eier
175 g Mehl
etwas Milch
Pflanzenöl zum Fritieren

Limetten-Dip
300 ml Sauerrahm
75 ml Mayonnaise
Saft von 2 Limetten

Avocado-Kresse-Dip
1 kleine reife Avocado, geschält und entsteint
½ EL Milch
½ EL Zitronensaft
¾ TL Salz
25 g Brunnenkresse, harte Stiele entfernt

Das *Conch*-Fleisch im Mixer oder in der Küchenmaschine pürieren. Gehackte Bleichsellerie und Zwiebel in der Butter etwa 3 Min. garen, dann Chilischote, Kräuter, Salz und Pfeffer hinzufügen und alles gut vermischen. Die Mischung mit pürierter Conch, Backpulver, Eiern, Mehl und Milch in eine große Schüssel geben und alle Zutaten zu einer zähflüssigen Masse vermischen. Kalt stellen.

In der Zwischenzeit die Dips zubereiten. Dazu die Zutaten jeweils in einer kleinen Schüssel vermischen. Die Dips für etwa 30 Min. in den Kühlschrank stellen.

Wenn die *Conch*-Masse gut abgekühlt ist, das Öl zum Fritieren auf 180°C erhitzen. Mit einem großen, ovalen Löffel 2,5 cm dicke Klößchen abstechen und in dem heißen Öl etwa 4 bis 6 Min. fritieren. Auf Küchenkrepp abtropfen lassen und mit den Dips servieren.

KANAPEES MIT RAHMFRISCHKÄSE
FÜR 4 BIS 6 PERSONEN

Dies sind kleine Schnittchen mit einer großartigen Garnierung. Man kann sie mit den verschiedensten Köstlichkeiten verzieren: Schnittlauchröllchen, Mandelblättchen, Frühlingszwiebelscheiben, Brunnenkresse, Rosinen, gerösteten Kokosflocken, einem Klecks Chutney, einem Stück frischer Mango oder Papaya – ganz nach Belieben.

4 Päckchen Rahmfrischkäse (je 225 g)
2 EL Orangenmarmelade
1 TL Currypulver
8 dünne Scheiben Weißbrot

Den Frischrahmkäse mit einem elektrischen Handrührgerät auf mittlerer Stufe rühren, dann Marmelade und Currypulver untermischen. Mit einer Plätzchenform aus jeder Brotscheibe zwei Kreise mit ca. 5 cm Durchmesser ausstechen. Die Kreise mit je 1½ TL Rahmfrischkäse bestreichen und nach Wunsch garnieren.

Knusprige Garnelenkanapees mit Ingwermayonnaise

Für 4 bis 6 Personen

Eine Vielfalt an Texturen und Farben und die nach Ingwer duftenden Garnelen lassen diese Kanapees zu Häppchen für besondere Gelegenheiten werden. Man kann sie auch gut vor einem Abendessen zu Cocktails oder Aperitifs reichen, da sie nicht sehr sättigend sind.

750 g gegarte Riesengarnelen, geschält und Darm entfernt
Mehl, mit Salz und Cayennepfeffer gewürzt
Pflanzenöl zum Fritieren
2 EL frische geschälte und geriebene Ingwerwurzel
150 ml Mayonnaise
3 EL französischer Senf
4 Scheiben Roggenbrot, in 5 cm große Kreise geschnitten und leicht getoastet
10 Radieschen, geputzt und in dünne Scheiben geschnitten
50 g Alfalfasprossen
Brunnenkresse oder Koriander zum Garnieren (nach Wunsch)
2 TL frisch gepreßter Zitronensaft

Die Garnelen in dem gewürzten Mehl wenden. In einem Sieb leicht schütteln, um überschüssiges Mehl zu entfernen. Soviel Öl in eine Pfanne gießen, daß die Füllhöhe 2,5 cm beträgt. Bei mittlerer Temperatur das Öl auf 190°C erhitzen und die Garnelen portionsweise etwa 1 Min. unter gelegentlichem Rühren braten, bis sie gerade gar sind. Auf Küchenkrepp abtropfen lassen.

In einer kleinen Schüssel Ingwerwurzel, Mayonnaise und Senf vermischen. Auf jedes Toaststück 1 EL dieser Ingwermischung streichen. Radieschen, Alfalfasprossen und Garnelen auf die Kanapees verteilen. Auf einer Servierplatte arrangieren und mit Brunnenkresse oder Koriander garnieren. Die restliche Mayonnaise mit dem Zitronensaft verrühren und über die Canapés träufeln.

VORSPEISEN UND SNACKS

RÄUCHERFISCH-AUFSTRICH
FÜR 6 BIS 8 PERSONEN

Für diesen pikanten Aufstrich kann jeder geräucherte Fisch verwendet werden. Man serviert den Dip mit einer Auswahl an Kräckern.

450 g geräucherter Marlin
100 g süßes Relish
50 ml Meerrettichsauce
1 kleine Zwiebel, gehackt
1 Stange Bleichsellerie, geputzt und feingehackt
½ TL Limettensaft
1 TL Chilisauce (s. Seite 96)
75 ml Mayonnaise
Salz und frisch gemahlener schwarzer Pfeffer

Den Fisch in kleine Stücke schneiden und in eine Rührschüssel geben. Relish, Meerrettichsauce, Zwiebel, Bleichsellerie und Limettensaft hinzufügen und die Zutaten gut vermischen. Jeweils die Hälfte der Chilisauce und der Mayonnaise unterheben und die Mischung abschmecken. Nach Geschmack noch mit Chilisauce würzen. Dann weitere Mayonnaise unterrühren, bis der Aufstrich die gewünschte Konsistenz hat.

SALATE

INHALT

Kreolischer Spinatsalat

Tropischer Salat mit
Garnelen und Hummer

Currysalat von Wildreis und Huhn

Thunfischsalat mit Curry und
tropischen Früchten

Salat von Yamsbohne, Orange und
gegrillter Zwiebel mit Rum-Dressing

Augenbohnen-Nudel-Salat
mit würzigem Dressing

Tomaten mit Krebsfleisch

Pikanter Salat von schwarzen
Bohnen und Haspel

Mango-Karambolen-Salat mit
Ingwer-Dressing

Brunnenkresse-Salat mit
pikantem Chili-Dressing

Salat von Papaya und Citrusfrüchten
mit Papayasamen-Dressing

Karibischer Obstsalat

Salat von schwarzen
Bohnen und Reis

Tropischer Salat mit Schweinefleisch
und Orangen-Minze-Dressing

KREOLISCHER SPINATSALAT
FÜR 4 PERSONEN

Dieser pikante Salat schmeckt zu jedem Hauptgericht. Man garniert ihn mit Tomatenspalten und hauchdünnen Gurkenscheiben.

450 g frischer Spinat, geputzt und die Stiele entfernt
1 rote Zwiebel, in dünne Scheiben geschnitten
jerk-Croûtons (s. Seite 92)
2 EL geröstete Pekannüsse, feingehackt
50 ml Joghurt
50 ml Senf
2 EL Limetten- oder Zitronensaft
2 EL Balsamessig
1 TL trockene jerk-Würzmischung nach Wahl (s. Seite 92)
Chilisauce zum Abschmecken (s. Seite 96)
frisch gemahlener weißer Pfeffer zum Abschmecken
50 ml Hühnerfond

Garnitur
Tomatenspalten
Gurkenscheiben

In einer großen Schüssel Spinat, rote Zwiebeln, Croûtons und Pekannüsse mischen. Joghurt, Senf, Limetten- oder Zitronensaft, Essig, Würzmischung, Chilisauce und weißen Pfeffer mit dem Handrührgerät verrühren. Bei laufendem Gerät langsam die Brühe zugießen. Das Dressing unter den Salat und die Croûtons heben.

TROPISCHER SALAT MIT GARNELEN UND HUMMER
FÜR 4 PERSONEN

Diese wunderbare Köstlichkeit garniert man, wie in einigen der vornehmsten Restaurants der Inseln üblich, mit einer halbmondförmigen Scheibe Mango. Wenn man dazu noch einen eisgekühlten fruchtigen Daiquiri serviert, kann man fast die kräftigen Brisen spüren und die »Stahltrommeln« hören.

450 g gegarte Riesengarnelen, geschält und Darm entfernt
2 Dosen Hummer (jeweils 150 g), abgetropft und in 1 cm Stücke zerteilt
1 frische Mango, gewürfelt
1 grüne Paprikaschote, in dünne Scheiben geschnitten
½ Zwiebel, in dünne Scheiben geschnitten
100 g Bleichsellerie, in dünne Scheiben geschnitten
225 g Ananas, gewürfelt
100 ml Joghurt
100 ml Sauerrahm
100 ml frisch gepreßter Orangensaft
4 TL frisch gepreßter Limettensaft
2 TL frische geschälte und geriebene Ingwerwurzel

Garnitur
Salatblätter (nach Wunsch)
sichelförmige Mangoscheiben

Garnelen, Hummer, Mango, Paprikaschote, Zwiebel, Bleichsellerie und Ananas in einer Servierschüssel vermischen und zugedeckt in den Kühlschrank stellen. In einer kleinen Schüssel Joghurt, Sauerrahm, Orangen- und Limettensaft und Ingwer verrühren. Das Dressing unter die gekühlten Zutaten heben. Nach Belieben auf Salatblättern anrichten und mit einer sichelförmigen Mangoscheibe verzieren.

CURRYSALAT VON WILDREIS UND HUHN

Die Hauptzutaten dieses pikanten Salates können im voraus zubereitet und in letzter Minute mit Sultaninen, Zwiebeln und Nüssen vermischt werden.

8 Hühnerbrustfilets (nach einem Rezept im Kapitel jerk-Gerichte gegart) gekühlt und in mundgerechte Stücke geschnitten
1 Bund Frühlingszwiebeln, gehackt (mit grünen Teilen)
150 g Sultaninen
50 g Mandelblättchen
Salatblätter zum Garnieren (nach Wunsch)

Dressing
2 Knoblauchzehen, gehackt
3 EL Weißweinessig
4 EL frisch gepreßter Limettensaft
1½ EL Currypulver
3 EL Mangochutney
Salz und frisch gemahlener schwarzer Pfeffer
150 ml Olivenöl
175 ml Sauerrahm
3 EL Wasser
2 EL gehackter frischer Koriander

Reis
750 bis 1000 g Wildreis, gegart
1 EL Weißweinessig
2 EL Olivenöl
Salz und frisch gemahlener schwarzer Pfeffer

Zuerst das Dressing zubereiten. Dazu in einem geeigneten Gefäß mit dem Handrührgerät Knoblauch, Essig, Limettensaft, Currypulver und Chutney vermischen und mit Salz und Pfeffer abschmecken. Bei laufendem Gerät nacheinander Öl, Sauerrahm und Wasser dazugießen, eventuell noch etwas zusätzliches Wasser zugeben, um die gewünschte Konsistenz zu erhalten. Das Dressing in eine kleine Schüssel füllen und den Koriander unterheben. Zugedeckt in den Kühlschrank stellen.

Den gegarten Reis in eine Schüssel geben und Essig und Öl hinzufügen. Mit Salz und Pfeffer abschmecken und gut mischen. Zugedeckt in den Kühlschrank stellen.

Kurz vor dem Servieren Wildreismischung, Hühnerfleisch und Dressing vermischen. Frühlingszwiebeln, Sultaninen und Mandeln unterheben. Den Salat falls gewünscht auf Salatblättern servieren.

Thunfischsalat mit Curry und tropischen Früchten
Für 4 bis 6 Personen

2 Dosen Thunfisch in Salzlake, abgetropft und zerpflückt
200 g Mango oder Papaya, gewürfelt und gut abgetropft
175 g Bleichsellerie, gehackt
50 g Papayasamen, zu Pfefferkorngröße zerkleinert (nach Wunsch)
100 g Möhren, geraffelt
25 g Frühlingszwiebel, gehackt
25 g rote Zwiebel, gehackt
175 ml Mayonnaise
½ TL Currypulver
Salatblätter

Thunfisch, Mango oder Papaya, Bleichsellerie, Papayasamen, falls verwendet, die Hälfte der Möhren, Frühlingszwiebel und rote Zwiebel in einer Schüssel vermischen. In einer kleinen Schüssel Mayonnaise und Currypulver verrühren, dann behutsam unter die Thunfisch-Mischung heben. Zugedeckt kalt stellen. Den Salat auf einer mit Salatblättern ausgelegten Servierschüssel anrichten. Die restlichen Möhren als Garnierung über den Salat streuen.

SALAT VON YAMSBOHNE, ORANGE UND GEGRILLTER ZWIEBEL MIT RUM-DRESSING
FÜR 4 PERSONEN

Dieser Salat ist eine Symphonie aus Aromen und Strukturen, in der Zwiebel »die erste Geige« spielt.

450 g Yamsbohne oder Wasserkastanien, geschält, geviertelt und in 1 cm große Stücke geschnitten
2 Orangen, sorgfältig geschält und filetiert
225 g rote Zwiebeln
4 El Olivenöl
1 EL Limettensaft
1 EL weißer Rum
1 TL feingehackte Frühlingszwiebel
1 TL feingehackte Petersilie
¼ TL Senfpulver (ersatzweise Senf)
ein Spritzer Worcestershiresauce
Salz und frisch gemahlener schwarzer Pfeffer
geröstete **jerk**-*Croûtons (s. Seite 92), nach Wunsch*

Yamsbohnenstücke und Orangenfilets in einer Servierschüssel vermischen und beiseite stellen. Den Grill vorheizen. Die Zwiebeln in 8 mm dicke Scheiben schneiden, aber die Ringe nicht trennen. Dünn mit etwa 1½ EL Olivenöl bepinseln. Mit Salz bestreuen und 5 bis 8 Min. grillen, bis sie sich braun färben. Von der anderen Seite ebenfalls 5 Min. grillen, bis sie durch und an der Oberseite gut gebräunt sind. Die Scheiben in Ringe trennen und zu der Yamsbohnen-Orangen-Mischung geben.

Das restliche Olivenöl mit Limettensaft, Rum, Frühlingszwiebel, Petersilie, Senf, Worcestershiresauce sowie Salz und Pfeffer vermischen. Das Dressing unter den Salat heben und servieren.

SALATE

AUGENBOHNEN-NUDEL-SALAT
MIT WÜRZIGEM DRESSING
FÜR 4 PERSONEN

Dieser Salat schmeckt großartig zu jedem *jerk*-Gericht und kann einen Tag im voraus zubereitet werden.

Dressing
50 ml Olivenöl
2 EL Estragon-, Malz- oder Balsamessig
1 EL französischer Senf
3/4 TL Knoblauch, zerdrückt
1/4 TL gemahlener Kreuzkümmel
1/2 TL Zucker
1/2 TL Salz
1/2 TL abgeriebene Schale von 1 unbehandelten Orange
ein Spritzer Chilisauce (s. Seite 96)

225 g Rigatoni, Penne oder Maccheroni, bißfest gegart und sofort in kaltem Salzwasser abgeschreckt
425 g Augenbohnen aus der Dose, abgespült
1 mittelgroße Tomate, entkernt und gewürfelt
100 g schwarze oder grüne Oliven, in Scheiben geschnitten (nach Wunsch)
75 g rote Paprikaschote, gehackt
75 g grüne Paprikaschote, gehackt
150 g Yamsbohne oder Wasserkastanien, gewürfelt
2 große Frühlingszwiebeln, in Scheiben geschnitten
15 g frischer Koriander, gehackt

In einer Schüssel Öl, Essig, Senf, Knoblauch, Kreuzkümmel, Zucker, Salz, abgeriebene Orangenschale und Chilisauce zu einem glatten Dressing rühren.

Nudeln, Augenbohnen, Tomate, Oliven, Paprika, Yamsbohne oder Wasserkastanien, Frühlingszwiebeln und Koriander in einer großen Servierschüssel vermischen. Das Dressing hinzufügen und behutsam unter die Zutaten heben. Den Salat zugedeckt kalt stellen.

SALATE

TOMATEN MIT KREBSFLEISCH

FÜR 2 PERSONEN

Für dieses Gericht sollte möglichst eine selbstzubereitete Chilisauce (siehe Kapitel *jerk*-Gerichte) oder eine sehr gute fertige Sauce aus der Karibik verwendet werden. Die Schärfe verleiht dem Gericht seine besondere Note.

450 g Krebsfleisch, Tiefkühlware aufgetaut und abgetropft
2 große reife Tomaten, entkernt und gehackt
75 g Gurke ohne Samen, gewürfelt
2 hartgekochte Eier, gehackt
150 ml Mayonnaise
4 EL Chilisauce (s. Seite 96)
2 EL Sauerrahm
2 TL Limettensaft
1 EL feingehackter Schnittlauch
Salz und frisch gemahlener schwarzer Pfeffer
2 große reife Tomaten
1 Kopfsalat

In einer Schüssel Krebsfleisch, gehackte Tomaten, Gurke und Eier vermischen und kalt stellen. Mayonnaise, Chilisauce, Sauerrahm, Limettensaft, Schnittlauch verrühren, mit Salz und Pfeffer abschmecken und kalt stellen.

Die ganzen Tomaten einschneiden, so daß sechs Spalten entstehen, die unten aber noch miteinander verbunden sind. Zu einer »Blüte« auseinanderziehen. Zwei Teller mit Salatblättern belegen, die Tomaten in die Mitte setzen und den Krebsfleischsalat daraufhäufen. Den Salat mit der Sauce servieren.

PIKANTER SALAT VON SCHWARZEN BOHNEN UND HASPEL
FÜR 4 PERSONEN

Dieser Salat schmeckt am besten ganz frisch zubereitet, doch für den, der in Eile ist, hier die schnelle Version: Statt getrockneter Bohnen 2 Dosen Bohnen (je 450 g) verwenden. Die Bohnen werden abgetropft und abgespült und dann mit gemahlenen Gewürzen und gekochtem Schinken oder Schweinefleisch vermischt. Das Ganze wird mit einer Vinaigrette angemacht.

225 g getrocknete schwarze Bohnen
2 große Haspeln
1 großes Lorbeerblatt
1 TL Korianderfrüchte, zerstoßen
1 TL Kreuzkümmelsamen, zerstoßen
1 TL zerstoßene, getrocknete rote Chilischote
¼ TL gemahlener Zimt
50 ml frisch gepreßter Limettensaft
1 EL Sherryessig
1 TL gemahlener Kreuzkümmel
1 EL Olivenöl
1 EL Chilisauce (s. Seite 96)
1 Knoblauchzehe, zerdrückt
2 EL feingehackte rote Paprikaschote
2 EL feingehackte Frühlingszwiebel
Salz und frisch gemahlener schwarzer Pfeffer
25 g frischer Koriander, Stengel entfernt, gewaschen und trockengetupft

Die Bohnen gegebenenfalls einweichen. Dann in einen großen, schweren Topf geben, Fleisch, Lorbeerblatt, Korianderfrüchte, Kreuzkümmelsamen, zerstoßene Chilischote und Zimt hinzufügen und alle Zutaten mit kaltem Wasser bedecken. Bei mittlerer Temperatur in etwa 45 Min. kochen, bis die Bohnen gar sind. Die Haspeln herausnehmen und zum Abkühlen beiseite stellen. Das Lorbeerblatt wegwerfen. Die Bohnen abtropfen lassen und unter fließendem kaltem Wasser abspülen, bis sie kalt sind. Beiseite stellen.

Limettensaft und Sherryessig in einer säurebeständigen Schüssel vermischen. Gemahlenen Kreuzkümmel, Olivenöl, Chilisauce und Knoblauch unterrühren. Rote Paprikaschote und Frühlingszwiebel einrühren und mit Salz und Pfeffer abschmecken. Beiseite stellen.

Das Schweinefleisch vom Knochen lösen, Knochen und Fett wegwerfen. Das Fleisch hacken und in eine Salatschüssel geben. Bohnen und Koriander hinzufügen. Die Vinaigrette darübergießen und unter den Salat heben. Mit Salz, Pfeffer und Chilisauce abschmecken.

MANGO-KARAMBOLEN-SALAT MIT INGWER-DRESSING
FÜR 4 PERSONEN

Dieses Dressing paßt auch großartig zu fritierten Bataten, gebratenen Kochbananen oder sogar *jerk*-Gerichten.

4 Mangos, gewürfelt
4 Karambolen, quer in sternförmige Scheiben geschnitten
15 g frische geschälte und geriebene Ingwerwurzel
100 ml Olivenöl
100 ml Apfelessig
2 EL frischer Limettensaft
1 TL französischer Senf
1 TL feingehackter frischer Koriander
¼ TL feingehackte Frühlingszwiebel
¼ TL Salz
¼ TL frisch gemahlener schwarzer Pfeffer

Mangowürfel und Karambolenscheiben vermischen und kalt stellen. Ingwer, Olivenöl, Essig, Limettensaft, Senf, Koriander, Frühlingszwiebel, Salz und Pfeffer mit dem Schneidstab des Handrührgerätes glattpürieren. Dann über die gekühlten Früchte geben.

BRUNNENKRESSE-SALAT MIT PIKANTEM CHILI-DRESSING
FÜR 4 PERSONEN

Dieser Salat hat die pikante Bitterkeit von Brunnenkresse, die Süße frischer Tomate und eine köstliche Schärfe von Senf und Chillies. Er wertet jedes einfache Hauptgericht auf.

2 Bund Brunnenkresse, gewaschen, geputzt und trockengetupft
1 große, reife Tomate, in mundgerechte Stücke geschnitten
1 kleine Zwiebel, in dünne Scheiben geschnitten, in Ringe zerpflückt
1 EL Rotweinessig
1 EL Hühnerfond
1 EL Chilisauce (s. Seite 96)
½ TL Knoblauch, zerdrückt
¼ TL französischer Senf
Salz und frisch gemahlener schwarzer Pfeffer

In einer großen Schüssel Brunnenkresse, Tomate und Zwiebel vermischen. In einer kleinen Schüssel Essig, Hühnerfond, Chilisauce, Knoblauch und Senf verrühren. Mit Salz und Pfeffer abschmecken. Das Dressing unter den Salat heben.

Mango-Karambolen-Salat mit Ingwer-Dressing.

Salat von Papaya und Citrusfrüchten mit Papayasamen-Dressing

Für 4 Personen

Dieser erfrischende Salat eignet sich gut als Beilage für würzige *jerk*-Gerichte. Das Dressing ist vielseitig verwendbar – etwa für Kohlsalat, Obstsalat oder grünen Salat – und daher bereitet man am besten gleich eine größere Menge zu.

1 kleine rote Zwiebel, halbiert und in Scheiben geschnitten
1 Orange, filetiert, mit 2 EL Orangensaft
2 Grapefruits, vorzugsweise rosa, filetiert
½ reife Papaya (etwa 225 g schwer), in Scheiben geschnitten
1 rote Paprikaschote, nach Entfernen von Samen und Rippen in dünne Streifen geschnitten
1 gelbe Paprikaschote, geputzt und in Streifen geschnitten

Dressing
60 g Zucker
1½ TL Salz
¼ TL französischer Senf
3 EL Branntweinessig
100 ml Pflanzenöl
2 EL Papayasamen

Die Zwiebel in eine Schüssel geben, mit Eiswasser bedecken und für mindestens 30 Min. beiseite stellen. Abtropfen lassen und mit Küchenkrepp trockentupfen.

Orangen- und Grapefruitfilets mit Zwiebel, Papaya, roter und gelber Paprikaschote in einer großen Salatschüssel vermischen.

Mit dem Schneidstab des Handrührgeräts Zucker, Salz, Senf und Essig verrühren. Bei laufendem Gerät das Öl hinzufügen. Die Samen dazugeben und zerkleinern, bis sie etwa die Größe von Pfefferkörnern haben. Das Dressing unter den Salat heben.

KARIBISCHER OBSTSALAT
Für 4 Personen

Wenn man Garnelen in die Marinade gibt, wird dies ein wahrhaft fürstlicher Salat.

1 EL Balsamessig
Saft von 1 Orange
2 TL Sojasauce
2 EL Pflanzenöl
¼ TL Salz
½ TL Zucker (nach Wunsch)
2 mittelgroße Orangen, geschält und filetiert,
Saft aufgefangen und zurückgestellt
150 g ungesüßte Grapefruitfilets aus der Dose, abgetropft
1 Karambole, Kiwi oder Birne, in Scheiben geschnitten
450 g gegarte Riesengarnelen, geschält und Darm entfernt
1 mittelgroße rote Zwiebel, in dünne Scheiben geschnitten
Salatblätter oder zwei Avocados zum Garnieren

In einer Schüssel Essig, Orangensaft, Sojasauce, Öl, Salz und Zucker zu einem glatten Dressing verrühren und in eine Salatschüssel gießen. Orangen- und Grapefruitfilets, Karambole-, Kiwi- oder Birnenscheiben, Garnelen und Zwiebel hinzufügen. Den Salat mischen und zugedeckt im Kühlschrank 1 Std. durchziehen lassen. Dann abtropfen lassen und auf Salatblättern oder in entsteinten und teilweise ausgehöhlten Avocadohälften servieren.

SALATE

SALAT VON SCHWARZEN BOHNEN UND REIS
FÜR 4 BIS 6 PERSONEN

Wenn man etwas gegarten Reis übrig hat, ist dies ein schnell zubereitetes Gericht, denn der Salat ist in wenigen Minuten fertig. Er ergibt eine sättigende, nahrhafte Beilage für jedes leichte Hauptgericht. Um ihm Farbe zu verleihen, garniert man ihn mit in Streifen geschnittener roter Paprikaschote.

550 g gegarte schwarze Bohnen oder schwarze Bohnen aus der Dose, abgespült und abgetropft
350 g gegarter Reis
50 g frischer Koriander
50 ml Limettensaft
175 ml Öl

50 g gehackte Zwiebel
2 Knoblauchzehen, zerdrückt
Salz und frisch gemahlener schwarzer Pfeffer
rote Paprikaschote, in Streifen geschnitten, zum Garnieren
(nach Wunsch)

Bohnen, Reis und Koriander in einer Salatschüssel vermischen. Den Limettensaft in eine kleine Schüssel geben und mit dem Öl vermischen. Zwiebel und Knoblauch hinzufügen und die Mischung unter die anderen Zutaten heben. Mit Salz und Pfeffer abschmecken. Den Salat mit roter Paprikaschote garnieren und leicht gekühlt servieren.

Tropischer Salat mit Schweinefleisch und Orangen-Minze-Dressing
Für 4 Personen

Dieser Salat eignet sich ausgezeichnet, um übriggebliebenes Schweinefleisch zu verwerten.

1 TL abgeriebene Schale von 1 unbehandelten Orange
50 ml frisch gepreßter Orangensaft
1½ EL Apfelessig
2 EL gehackte frische Minzeblätter
oder 1 EL getrocknete
¾ TL französischer Senf
¼ TL Salz
¼ TL frisch gemahlener Pfeffer
100 ml Olivenöl
450 g gegartes Schweinefleisch, in Streifen geschnitten
1 große, reife Papaya (450 g schwer), geschält, halbiert und nach Entfernen der Samen in 1 cm große Stücke geschnitten
1 reife Avocado (275 g schwer), halbiert, entsteint, geschält und in 1 cm große Stücke geschnitten
1 kleine rote Zwiebel, in dünne Scheiben geschnitten
150 g Kopfsalat, frischer Spinat oder Chicorée, in Stücke gezupft
40 g Mandelblättchen, geröstet

Abgeriebene Orangenschale, Orangensaft, Essig, Minze, Senf, Salz und Peffer in einer großen Schüssel vermischen. Nach und nach das Öl einrühren. Schweinefleisch, Papaya, Avocado und Zwiebel dazugeben und den Salat behutsam mischen. Auf Salat, Spinat oder Chicorée anrichten und mit Mandelblättchen bestreuen.

SUPPEN

INHALT

Calalou
Conch Chowder von den Bahamas
Kalabassen-Suppe
Geeiste Passionsfruchtsuppe
mit Joghurt und Vanille
Karibische Brotfrucht-Vichyssoise
Ananas-Mango-Bisque
Tomaten-Orangen-Suppe
Kokosnuss-Garnelen-Suppe
Pikante Hühnersuppe

CALALOU
FÜR 4 BIS 6 PERSONEN

Wie ihr Name auch buchstabiert werden mag – calalou, calilu, callau, kalalou oder callaloo –, diese Suppe ist überall in der ethnisch so buntgemischten Karibik beliebt. Ihren Namen verdankt sie ihrer Hauptzutat, den Blättern der Taro-Knolle oder Calalou-Pflanze, doch wie Köche außerhalb der Karibik festgestellt haben, schmecken frischer Spinat, Mangold und Grünkohl ähnlich wie Calalou und sind erheblich leichter zu bekommen. Mit ihrer minzegrünen Farbe und ihrem zarten, leicht scharfen Geschmack ist die Suppe ein erfrischender Auftakt zu jeder Mahlzeit. Auf den Westindischen Inseln wollte gewiß niemand auf Okras verzichten, doch wer ihren Geschmack nicht mag, kann sie weglassen, ohne daß die Suppe darunter leidet. Wenn man Gäste hat, kann man etwas Krebsfleisch in die Suppe geben.

225 g frischer Spinat, Mangold oder Grünkohl
100 g Okraschoten, in Scheiben geschnitten (nach Wunsch)
225 g Aubergine, geschält und in mundgerechte Stücke geschnitten
1 l Wasser
1 EL Pflanzenöl
2 Zwiebeln, feingehackt
2 Knoblauchzehen, zerdrückt
½ TL Thymian
¼ TL Piment
2 EL gehackter Schnittlauch
1 frische Chilischote, entkernt und gehackt, oder 1 EL Chilisauce (s. Seite 96)
1 EL Weißweinessig
225 ml Kokosnußmilch (s. Seite 14)
Salz und frisch gemahlener schwarzer Pfeffer

Das Blattgemüse waschen und abtropfen lassen, Stiele entfernen. Die Blätter hacken, dann zusammen mit Okras (sofern verwendet) und Aubergine in einen großen, schweren Topf geben. Das Wasser hinzufügen und die Gemüse bei mittlerer Hitze etwa 15 Min. garen, bis sie weich sind. Falls Okras verwendet werden, häufig in den Topf sehen, da sie Schleim absondern, wenn sie zu lange gegart werden. Das Öl in einer schweren Pfanne erhitzen. Die Zwiebeln und den Knoblauch darin braten, bis die Zwiebeln glasig sind. Die restlichen Zutaten zusammen mit den Zwiebeln und dem Knoblauch zu dem Gemüse geben und etwa 5 Min. köcheln lassen. Mit dem Schneidstab des Handrührgeräts pürieren und sofort servieren.

Conch Chowder von den Bahamas
Für 4 bis 6 Personen

Conch Chowder hat in der Karibik denselben Stellenwert wie für den Rest der Welt Hühnersuppe – man bekommt sie überall, und sie ist gut. *Conchs* sind jene wunderschönen großen Schnecken, in deren Schalen man das Meer rauschen hören kann.

1 Scheibe Frühstücksspeck, gehackt
½ EL Pflanzenöl
150 g Möhren, gehackt
100 g Bleichsellerie, gehackt
100 g Zwiebel, gehackt
25 g grüne Paprikaschote, gehackt
25 g rote Paprikaschote, gehackt
1 EL Knoblauch, zerdrückt
*450 g **Conch**-Fleisch, gehackt*
225 g pürierte Tomaten aus der Dose
1 EL Tomatenmark
1 Lorbeerblatt
1 TL getrockneter Thymian
½ TL schwarzer Pfeffer
1,4 bis 1,8 l Fischfond oder Hühnerbrühe
1 große Kartoffel, geschält und gewürfelt
50 ml Cream Sherry
Salz
Cayennepfeffer
Pflanzenöl (nach Wunsch)
Mehl (nach Wunsch)

In einem Topf mit 2,5 bis 3,5 l Fassungsvermögen, den Speck im Öl bei mittlerer Hitze etwa 2 Min. braten. Möhren, Sellerie, Zwiebel, grüne und rote Paprikaschote und Knoblauch hinzufügen. Die Zutaten braten, bis die Zwiebel glasig ist. *Conch*, pürierte Tomaten, Tomatenmark, Lorbeerblatt, Thymian, Pfeffer und Fischfond oder Hühnerbrühe hinzufügen (etwas weniger verwenden, wenn das *Chowder* herzhafter werden soll) und zum Kochen bringen. Dann die Hitze reduzieren und das Ganze im offenen Topf 30 bis 45 Min. köcheln lassen, bis der Fond um etwa ein Drittel eingekocht ist.

Die Kartoffeln hinzufügen und im offenen Topf etwa 20 Min. garen, bis sie sehr weich sind und das *Chowder* eingedickt ist. Mit Sherry, Salz und Cayennepfeffer abschmecken.

Um das Chowder zu binden, etwas Mehlschwitze aus Pflanzenöl und Mehl – etwa ½ EL Öl und 1½ TL Mehl – hinzufügen. Rühren, bis das Chowder die gewünschte Konsistenz.

Kalabassen-Suppe
Für 4 bis 6 Personen

Für diese glatte, nahrhafte, nussig schmeckende Suppe können anstelle von Kalabasse auch Butternußkürbis oder sogar Zucchini verwendet werden. Nimmt man kleine Kürbisse oder Zucchini, gart man diese einfach weich. Kalabassen sind sehr groß und werden gewöhnlich geviertelt oder halbiert verkauft.

1,5 kg Kalabasse
50 g Butter
25 g Pinienkerne, zu einer Paste zerrieben
2 große Zwiebeln, gehackt
2 TL gemahlener Koriander
1 TL gemahlener Kreuzkümmel
½ TL gemahlener weißer Pfeffer
1 TL Salz
750 ml Hühnerbrühe
1 reife Gemüsebanane, geschält und in 8 mm dicke Scheiben geschnitten
225 ml Mangosaft, Apfelsaft oder Pfirsichnektar

Den Backofen auf 180°C vorheizen. Eine ganze Kalabasse ggf. halbieren und die Samen entfernen. Die Kalabasse mit der Schnittseite nach unten auf ein Backblech legen und etwa 30 Min. im Backofen garen.

In der Zwischenzeit die Butter bei mittlerer Hitze in einem großen Topf zerlassen, dann nach und nach die Pinienkernpaste hinzufügen. Zwiebeln, Koriander, Kreuzkümmel, Pfeffer und Salz dazugeben. Zugedeckt etwa 20 Min. garen, bis die Zwiebeln weich sind.

Die Hühnerbrühe angießen und bei starker Hitze zum Kochen bringen. Dann die in Scheiben geschnittene Gemüsebanane hinzufügen. Auf mittlere Temperatur herunterschalten und das Ganze 10 Min. bei geschlossenem Topf köcheln lassen.

Die Kalabasse aus dem Backofen nehmen und etwas abkühlen lassen, dann das Fleisch herauslösen, in kleine Stücke teilen und in die Suppe geben. Den Fruchtsaft hinzufügen und die Suppe 30 Min. köcheln lassen, bis die Banane weich ist, dann mit dem Schneidstab des Handrührgeräts glattpürieren.

Die Suppe zugedeckt bei niedriger Temperatur wieder erhitzen. Wenn sie etwas eindicken soll, die Suppe bei schwacher Hitze im offenen Topf unter häufigem Rühren weitergaren, bis sie eindickt. Heiß servieren.

GEEISTE PASSIONSFRUCHTSUPPE MIT JOGHURT UND VANILLE
FÜR 4 PERSONEN

Verwenden Sie nach Möglichkeit Passionsfrüchte, die groß und schwer sind und eine dellige Schale haben. Da sie recht kostspielig sind, ist dieses Gericht für einen besonderen Anlaß geeignet.

20 frische Passionsfrüchte
100 g Zucker
1 Stück Vanilleschote, 10 cm lang, längs aufgeschlitzt
225 ml Wasser
2 TL Gelatine
100 ml Joghurt, gut durchgerührt
frische Minzeblätter zum Garnieren (nach Wunsch)

Ein grobmaschiges Sieb auf einen mittelgroßen säurebeständigen Topf setzen. Die Passionsfrüchte einzeln über das Sieb halten und halbieren. Mit einem Teelöffel das Fruchtfleisch herauslösen und durch das Sieb drücken. Die Kerne wegwerfen.

Zucker, Vanilleschote und Wasser in den Topf geben und die Mischung bei niedriger Temperatur unter Rühren zum Kochen bringen. Vom Herd nehmen. Die Gelatine gleichmäßig auf die Mischung streuen und etwa 3 Min. quellen lassen. Dann die Gelatine unterrühren. Die Mischung durch ein feines Sieb in eine säurebeständige Schüssel streichen. Wenn sie auf Raumtemperatur abgekühlt ist, die Schüssel in ein größeres mit Eis und Wasser gefülltes Gefäß setzen. Die Suppe beiseite stellen, bis sie abgekühlt ist, dabei häufig umrühren. Die Suppe kann abgedeckt und über Nacht im Kühlschrank aufbewahrt werden.

Zum Servieren die gekühlte Suppe in vier flache Suppenteller schöpfen. Je 2 EL Joghurt daraufgeben und, falls gewünscht, als Garnierung Minzeblätter.

KARIBISCHE BROTFRUCHT-VICHYSSOISE
FÜR 6 BIS 8 PERSONEN

Diese erfrischende Suppe kann mit Brotfrucht, aber auch mit Bataten zubereitet werden. Sie ist recht exquisit, vor allem, wenn sie in gekühlten Suppentassen mit Schnittlauch oder Koriander garniert serviert wird.

6 Bund Frühlingszwiebeln, in Scheiben geschnitten, mit einer kleinen Menge der grünen Teile
1,2 l Hühnerfond
1,25 kg Brotfrucht, geschält, entkernt, gewürfelt, in Salzwasser gargekocht (etwa 25 Minuten) und durch ein Sieb gestrichen oder Bataten, in der Schale im Backofen weichgegart
Salz und weißer Pfeffer
100 ml Sahne
frischer Schnittlauch oder Koriander, gehackt, zum Garnieren (nach Wunsch)

Die Zwiebeln mit 225 ml Fond vermischen und etwa 15 Min. köcheln lassen, bis sie weich sind. Falls Bataten verwendet werden, das gegarte Fleisch herauslösen, die Schalen wegwerfen. Etwa 750 g Fleisch abwiegen. Brotfrucht oder Batatenfleisch mit der Zwiebel-Fond-Mischung glattpürieren, dann mit dem restlichen Fond einige Minuten köcheln lassen. Nach Geschmack salzen und pfeffern. Abkühlen lassen und bis zum Servieren im Kühlschrank aufbewahren. Falls gewünscht, mit Schnittlauch oder Koriander servieren.

ANANAS-MANGO-BISQUE
FÜR 4 PERSONEN

40 g Zucker
2 EL brauner Rum
2 EL Wasser
1,5 kg Ananas, geschält und nach Entfernen der holzigen Mitte in 2,5 cm große Stücke geschnitten
2 Mangos, geschält, entsteint und in 1 cm große Stücke geschnitten
750 ml kalte Milch
eine Prise Zimt
100 ml gekühlte Crème double sowie Crème double zum Servieren

In einem kleinen Topf Zucker, Rum und Wasser vermischen. Bei starker Hitze zum Kochen bringen und 1 bis 2 Min. etwas reduzieren. Vom Herd nehmen und zum Abkühlen beiseite stellen.

Mit dem Schneidstab des Handrührgeräts Ananas, Mango und Rumsirup mit 100 ml Milch glattpürieren. Die Mischung durch ein grobes Sieb in eine große, säurebeständige Schüssel gießen. Die restliche Milch sowie Zimt und Sahne einrühren. Abdecken und 4 bis 24 Std. in den Kühlschrank stellen, bis die Suppe gut gekühlt ist.

TOMATEN-ORANGEN-SUPPE
FÜR 4 PERSONEN

Durch die Orange wird das säuerlich-süße Aroma der Fleischtomaten betont. Man serviert sie mit *jerk*-Croûtons, die den Gaumen noch mehr verwöhnen.

*1 kg reife Tomaten, blanchiert, abgezogen und geviertelt
(oder ganze Tomaten aus der Dose, nicht abgetropft)
8 g frische Basilikumblätter
1 Stück Orangenjulienne, in 8 mal 1 cm langen Stücken
2 EL gehackte Frühlingszwiebeln (nur weiße Teile)
1 TL Zucker
2 EL Limetten- oder Zitronensaft
225 ml Orangensaft
1 EL Maisstärke
2 EL feingehackter Koriander, Schnittlauch oder Petersilie
Salz und frisch gemahlener schwarzer Pfeffer*
jerk-Croûtons (s. Seite 92)

Tomaten, Basilikum, Orangenjulienne, Frühlingszwiebel sowie Limetten- und Zitronensaft in einem mittelgroßen Topf aufkochen lassen. Dann die Hitze sofort reduzieren und den Topfinhalt zugedeckt 15 Min. köcheln lassen. Die Orangenjulienne herausnehmen. Die Mischung mit dem Schneidstab des Handrührgeräts pürieren. Nach Wunsch durch ein Sieb streichen, um alle Kerne zu entfernen.

Die Suppe wieder in den Topf geben. In einer kleinen Schüssel die Maisstärke mit dem Orangensaft glattrühren und unter die Suppe heben. Die Suppe bei mittlerer Hitze unter ständigem Rühren garen, bis sie eindickt. Die Temperatur reduzieren, dann Koriander, Schnittlauch oder Petersilie sowie Salz und Pfeffer nach Geschmack einrühren. Die Suppe nach Belieben mit *jerk*-Croûtons garnieren.

Kokosnuss-Garnelen-Suppe
Für 4 Personen

1 rote Paprikaschote, gewürfelt
1½ EL gehackte Frühlingszwiebeln, mit einer kleinen Menge der grünen Teile
450 ml selbstgemachte Hühnerbrühe
2 TL gehackter Knoblauch
1 EL geriebene Ingwerwurzel
1 EL gemahlener Koriander
½ EL Currypulver
½ TL Thymian
½ TL weißer Pfeffer
½ TL Chilisauce (s. Seite 96)
400 ml Kokosnußmilch (s. Seite 14)
550 g Garnelen, geschält und Darm entfernt
225 ml Crème double

In einer kleinen Schüssel rote Paprikaschote und Frühlingszwiebeln mischen, dann beiseite stellen.

In einem etwa 3,5 l fassenden Topf bei mittlerer Hitze Hühnerbrühe, Knoblauch, Ingwer, Koriander, Currypulver, Thymian, Pfeffer, Chilisauce und Kokosnußmilch zum Kochen bringen. Dann die Temperatur reduzieren und etwa 5 Min. köcheln lassen. Vom Herd nehmen und das Fett abschöpfen. Bei mittlerer Hitze wieder zum Kochen bringen und die Hälfte der Paprika-Zwiebel-Mischung sowie die Garnelen hinzufügen. Die Garnelen in etwa 3 Min. garziehen lassen – nicht übergaren, da sie sonst zäh werden. Die Suppe vom Herd nehmen und die Sahne einrühren. Dann abschmecken. In Suppentassen schöpfen und mit der restlichen Paprika-Zwiebel-Mischung garnieren.

PIKANTE HÜHNERSUPPE
FÜR 4 PERSONEN

Diese nach karibischer Art zubereitete Suppe läßt keine Wünsche offen – sie ist kräftig gewürzt, schmeckt nach Huhn, und das Gemüse, das am Ende zugefügt wird, gibt ihr Frische, Farbe und viele Vitamine. Man kann sie mit Brot als Mittagessen servieren oder als Vorspeise. Mit etwas gewürfeltem oder in Streifen geschnittenem Hühnerfleisch und einigen Nudeln ergibt sie einen sättigenden Eintopf.

1 Zwiebel, halbiert
2 Stangen Bleichsellerie mit Blättern, gewürfelt
2 Möhren, gewürfelt
1 Pastinake, gewürfelt
5 Knoblauchzehen, abgezogen
1 Huhn, 1,5 kg schwer
1,5 l Wasser
½ TL feingehacktes frisches Basilikum
½ TL Currypulver
ein Spritzer Chilisauce (s. Seite 96)
1 TL feingehackter Koriander
Salz und frisch gemahlener Pfeffer

Das Gemüse in zwei Portionen teilen, die eine Hälfte in einer Schüssel beiseite stellen, die andere mit dem Knoblauch und dem Huhn in einen Suppentopf geben. Das Huhn mit Wasser bedecken, dann Basilikum, Currypulver, Chilisauce und Koriander hinzufügen und mit Salz und Pfeffer abschmecken. Das Wasser zum Kochen bringen, dann die Temperatur reduzieren und den Topfinhalt etwa 2 Std. im offenen Topf köcheln lassen.

Das Fett abschöpfen und die Suppe durch ein Sieb gießen. Das Huhn anderweitig verwenden.

Das restliche Gemüse in die Suppe geben und in etwa 10 Min. gar kochen. Dann servieren.

FISCH UND MEERESFRÜCHTE

INHALT

Würzige Kabeljausteaks

Pitta-Brot mit gegrillten Garnelen
und Mango-Papaya-Chutney

Gedämpfter Schnapper mit
Orangen-Curry-Sauce

Gegrillter Hummer
nach Art der Bahamas

Garnelen mit Tamarindensaft zubereitet

Roter Schnapper
nach karibischer Art

Pochierte Lachsfilets in
Dill-Ingwer-Sauce

Garnelen nach kreolischer Art

Gegrillte Garnelen im
Speckmantel mit zweierlei Saucen

Im Backofen gebratener
Sägebauch mit Curry

WÜRZIGE KABELJAUSTEAKS
FÜR 6 PERSONEN

Diese Kabeljausteaks sind dank der Chilischoten recht feurig. Man kann für dieses Gericht auch Lachs verwenden. Dazu reicht man eine der Beilagen von Seite 108–117.

3 EL frisch gepreßter Limettensaft
2 EL Olivenöl
2 TL Knoblauch, zerdrückt
1 TL gehackte Chilischote oder 2 TL Chilisauce
(s. Seite 96)
6 Kabeljau- oder Lachssteaks, 2 cm dick und jeweils etwa
175 g schwer

In einer Schüssel Limettensaft, Olivenöl, Knoblauch und Chilischote oder Chilisauce vermischen.

Den Grillrost mit Öl einpinseln und den Grill vorheizen. Die Steaks von einer Seite etwa 10 bis 12 Min. grillen, dabei häufig mit der Sauce beträufeln. Mit der anderen Seite ebenso verfahren, bis der Fisch gerade gar ist.

PITTA-BROT MIT GEGRILLTEN GARNELEN UND MANGO-PAPAYA-CHUTNEY
FÜR 4 PERSONEN

Diese gefüllten Fladenbrote eignen sich ausgezeichnet für Partys oder Grillfeste, auf denen viele Gäste im Stehen essen. Die Garnelen sind sehr saftig, da sie in ihren Schalen gegart wurden.

450 g ungeschälte Riesengarnelen, trockengetupft
1 TL Pflanzenöl
½ TL Salz
4 Pitta-Brote, 15 cm Durchmesser
350 g Mango-Papaya-Chutney (s. Seite 102)
Limettenspalten zum Garnieren

Den Holzkohlengrill vorbereiten. Die Garnelen in etwas Öl wenden und nebeneinander auf einem Stück Alufolie auf den Grill legen. Die Garnelen etwa 2 Min. garen, bis sie leicht rosa werden. Mit der Grillzange wenden und weitere 2 Min. grillen. Eine Garnele an der dicksten Stelle einschneiden, um zu prüfen, ob sie gar ist.

Beim Garen auf dem Herd das Öl in einer großen gußeisernen Pfanne bei mittlerer Temperatur erhitzen, die Garnelen nebeneinander in der Pfanne verteilen und in 2 Min. durchgaren.

Die Garnelen abkühlen lassen und schälen, die Schalen wegwerfen. Die Garnelen längs halbieren und mit 100 g Chutney mischen.

Die *pitta*-Brote auf der Seite einschneiden und mit der Garnelen-Chutney-Mischung füllen. Sofort mit dem restlichen Chutney und Limettenspalten garniert servieren.

GEDÄMPFTER SCHNAPPER MIT ORANGEN-CURRY-SAUCE

FÜR 4 PERSONEN

Wenn Schnapper nicht erhältlich ist, kann man als Ersatz jeden Fisch mit magerem, festem Fleisch verwenden, z.B. Zackenbarsch, Heilbutt, Schellfisch, Flunder, Flußbarsch, Steinbutt oder Seezunge. Man serviert dazu gedämpftes Gemüse oder gebratene grüne Gemüsebananen (s. Seite 115).

Orangen-Curry-Sauce
100 ml Sauerrahm
4 EL abgeriebene Schale von unbehandelten Orangen
2 EL gehackter frischer Koriander
¼ TL Zwiebelpulver
¼ TL Senfpulver (ersatzweise Senf)
¼ TL Currypulver

Fisch
3 ganze Pimentbeeren
750 g Roter Schnapper, in vier Steaks geschnitten

Sauerrahm, abgeriebene Orangenschale, Koriander, Zwiebel, Senfpulver bzw. Senf und Currypulver in einer kleinen Schüssel vermischen und kalt stellen. Einen leicht gefetteten Dämpfeinsatz in einen großen Topf setzen. Bis knapp unter den Einsatz Wasser einfüllen und zum Kochen bringen. Die Pimentbeeren hinzufügen und den Fisch in den Dämpfeinsatz legen. Die Temperatur reduzieren und den Fisch zugedeckt in 8 bis 10 Min. garen, bis er sich mit der Gabel leicht zerpflücken läßt. Mit der Sauce servieren.

GEGRILLTER HUMMER NACH ART DER BAHAMAS
FÜR 4 PERSONEN

Bei diesem raffinierten Rezept werden ausgelöste Hummerschwänze mariniert und – wieder in ihren Panzer gesteckt – gegrillt. Dadurch bleiben sie einmalig saftig.

4 Hummerschwänze (gesamt etwa 750 g), Tiefkühlware aufgetaut, in einem Stück ausgelöst, Darm entfernt, Panzer aufbewahrt
4 TL frisch gepreßter Limetten- oder Zitronensaft
4 Knoblauchzehen, zerdrückt
75 g Ghee oder Butter
150 g Semmelbrösel
2 TL Salz
1 TL frisch gemahlener schwarzer Pfeffer
½ TL getrockneter Thymian
½ TL getrockneter Majoran
½ TL getrockneter Oregano
½ TL getrocknetes Basilikum
½ TL getrockneter Rosmarin
½ TL getrockneter Salbei
½ TL Knoblauchpulver
¼ TL feingehackte Chilischote oder Chilisauce (s. Seite 96)
2 EL frisch geriebener Parmesankäse
Pflanzenöl

Die Hummerpanzer waschen und mit Küchenkrepp trockentupfen, dann mit Limetten- oder Zitronensaft beträufeln. In einem kleinen Topf den Knoblauch bei mittlerer Hitze im Ghee oder in der Butter etwa 1 Min. garen, dann vom Herd nehmen.

In einer flachen Schüssel Semmelbrösel, Salz, Pfeffer, Thymian, Majoran, Oregano, Basilikum, Rosmarin, Salbei, Knoblauchpulver, Chilischote oder Chilisauce und Parmesankäse vermischen. Das Hummerfleisch in der Knoblauchbutter wenden, dann mit der Semmelbrösel-Mischung panieren und wieder in die beiseite gestellten Panzer stecken.

Den Grillrost mit Öl einpinseln und den Grill vorbereiten. Die Hummerschwänze in den Panzern auf den Rost legen und in 10 Min. gar grillen, dabei mehrmals wenden.

GARNELEN MIT TAMARINDENSAFT ZUBEREITET
FÜR 4 PERSONEN

Dieses schmackhafte Garnelengericht erhält durch Tamarindensaft eine ganz ungewöhnliche Note. Man serviert es auf gedämpftem Reis mit einem knackigen Salat als Beilage.

25 g Butter oder Margarine
2 EL sehr feingehackte Zwiebel
1 Knoblauchzehe, zerdrückt
1 grüne Paprikaschote, nach Entfernen von Rippen und Samen gehackt
2 EL Tomatenmark
50 ml Sherry
1 Lorbeerblatt
100 ml Tamarindensaft (s. Seite 17)
2 EL flüssiger Honig
¼ TL gemahlenes Piment
¼ TL Salz
⅛ TL Chilisauce (s. Seite 96)
450 g Riesengarnelen, geschält und Darm entfernt
1 EL frisch gepreßter Limetten- oder Zitronensaft

Die Butter in einer großen Pfanne erhitzen. Zwiebel, Knoblauch und grüne Paprikaschote hinzufügen und weich garen. Tomatenmark, Sherry, Lorbeerblatt, Tamarindensaft, Honig, Piment und Salz hinzufügen und unter ständigem Rühren erhitzen. Die Hitze reduzieren und das Ganze etwa 5 Min. im offenen Topf köcheln lassen, bis die Mischung leicht eingedickt ist. Mit Chilisauce abschmecken. Die Garnelen hinzufügen und 3 bis 5 Min. unter Rühren garen. Das Lorbeerblatt herausnehmen und den Limetten- oder Zitronensaft einrühren.

Garnelen mit Tamarindensaft zubereitet.

ROTER SCHNAPPER NACH KARIBISCHER ART
FÜR 4 PERSONEN

Dies ist eine raffinierte Zubereitungsmethode für einen der schmackhaftesten Fische der Karibik, bei der der Fisch von der Mischung aus Gewürzen und Tomaten mit westindischen Aromen durchdrungen ist. Man serviert ihn mit Reis, der einen Teil der Garflüssigkeit aufnimmt. Anstelle von Schnapper kann jeder andere Fisch mit festem, weißem Fleisch verwendet werden wie Flußbarsch, Steinbutt, Seezunge, Zackenbarsch, Heilbutt, Schellfisch oder Flunder.

Pflanzenöl
1 mittelgroße Zwiebel, in Scheiben geschnitten
1 große Tomate, abgezogen und gehackt
½ TL gemahlenes Piment
¼ TL getrockneter Oregano
¼ TL getrockneter Thymian
1 TL gehackter frischer Koriander
½ Lorbeerblatt
2 EL Wasser
1 TL Chilisauce (s. Seite 96)
450 g Filets vom Roten Schnapper
½ EL Limetten- oder Zitronensaft
1 kleine Knoblauchzehe, zerdrückt
½ große Zwiebel, gehackt
¼ rote Paprikaschote, gehackt
¼ grüne Paprikaschote, gehackt
½ EL Olivenöl
25 g Mandelblättchen

Den Backofen auf 200°C vorheizen. Eine 25 x 30 cm große und 5 cm tiefe, ofenfeste Form mit Pflanzenöl fetten. Die Zwiebelscheiben in der Form verteilen, dann Tomaten, Piment, Oregano, Thymian, Koriander und Lorbeerblatt hinzufügen. Wasser und Chilisauce vermischen und behutsam über die Tomatenmischung gießen. Die Fischfilets mit Limetten- oder Zitronensaft beträufeln und in die Form legen.

Knoblauch, Zwiebel sowie rote und grüne Paprikaschote etwa 3 Min. in dem Olivenöl braten, dann über den Fisch geben. Den Fisch zugedeckt 40 bis 45 Min. im Backofen garen, bis er sich mit einer Gabel leicht zerpflücken läßt. Das Lorbeerblatt herausnehmen und die Mandelblättchen darüberstreuen.

POCHIERTE LACHSFILETS IN DILL-INGWER-SAUCE
FÜR 4 PERSONEN

Für dieses Rezept werden Kaltwasserfische verwendet, die man jedoch auf karibische Art würzt. Dazu reicht man Knoblauch-Kartoffel-Püree (s. Seite 114) oder ein Gericht aus Reis und Bohnen.

*4 grätenfreie Lachsfilets mit Haut,
jeweils 175 g schwer
9 große Stengel frischer Dill
1 Lorbeerblatt
4 ganze Nelken
Salz
9 ganze schwarze Pfefferkörner
2 EL Weißweinessig*

*Dill-Ingwer-Sauce
2 EL französischer Senf
1 EL geriebene Ingwerwurzel
2 EL feingehackte Schalotte
1 TL feingehackter Knoblauch
2 EL Estragonessig
50 g eingelegte Pfefferschoten, gewürfelt
Salz und frisch gemahlener schwarzer Pfeffer
100 ml Olivenöl*

Für die Sauce Senf, Ingwer, Schalotte, Knoblauch, Essig, Pfefferschoten sowie Salz und Pfeffer in einer Schüssel vermischen. Unter kräftigem Rühren das Olivenöl hineinträufeln. Beiseite stellen.

Die Lachsfilets in einem flachen Topf mit Wasser bedecken. Den Dill bis auf einen Stengel sowie Lorbeerblatt, Nelken, Salz, Pfefferkörner und Essig hinzufügen. Das Wasser zum Kochen bringen und den Lachs in 3 bis 5 Min. garziehen lassen. Abtropfen lassen und mit der Sauce servieren, die Sauce eventuell noch einmal umrühren und mit dem verbliebenen Dillstengel garnieren.

Fisch und Meeresfrüchte

Garnelen nach kreolischer Art
Für 4 bis 6 Personen

Bei dieser Garnelenzubereitung wird die Garflüssigkeit zu einer dicken, aromatischen Sauce eingekocht. Die knackigen Wasserkastanien sorgen für einen fernöstlichen »Touch«.

2 EL Pflanzenöl
1 große Zwiebel, gehackt
8 Knoblauchzehen, zerdrückt
2 große Stangen Bleichsellerie, feingehackt
4 mittelgroße Tomaten, gehackt
2 mittelgroße grüne Paprikaschoten, gehackt
2 EL Tomatenmark
1 TL Chilisauce (s. Seite 96)
½ TL getrockneter Oregano
1 TL getrockneter Thymian
2 TL Worcestershiresauce
1,5 l Hühnerbrühe
750 g Riesengarnelen, geschält und Darm entfernt
225 g in Scheiben geschnittene Wasserkastanien aus der Dose, abgetropft und abgespült, oder 225 g Yamsbohne, in Scheiben geschnitten
½ EL Limettensaft
Salz und frisch gemahlener schwarzer Pfeffer
750 g gegarter weißer Langkornreis
1 EL sehr feingehackter Koriander oder Petersilie zum Garnieren

Das Öl in einem großen Topf, einer Bratpfanne oder einem Wok erhitzen. Zwiebel, Knoblauch, Bleichsellerie, Tomaten und Paprika hinzufügen und bei mittlerer Hitze weich garen. Dann Tomatenmark, Chilisauce, Oregano und Thymian hinzufügen und unter Rühren etwa 2 Min. garen. Worcestershiresauce und Hühnerbrühe hinzufügen. Das Ganze bei mittlerer Temperatur zum Kochen bringen und etwa 30 Min. reduzieren und eindicken lassen. Garnelen und Wasserkastanien hinzufügen und den Topfinhalt noch einmal etwa 4 Min. garen, bis die Garnelen durch sind. Vom Herd nehmen und mit Chilisauce, Limettensaft sowie Salz und Pfeffer abschmecken. Auf vorgewärmten Tellern auf einem Reisbett anrichten und mit Koriander oder Petersilie bestreuen. Sofort servieren.

GEGRILLTE GARNELEN IM SPECKMANTEL MIT ZWEIERLEI SAUCEN
FÜR 4 PERSONEN

1 TL gehackter Knoblauch
2 TL gehackte Schalotten
100 ml Olivenöl Extravergine
½ TL getrockneter Oregano
½ TL getrockneter Thymian
½ TL getrocknetes Basilikum
Salz und frisch gemahlener Pfeffer
16 Riesengarnelen, geschält und Darm entfernt, mit Schwanzfächer
8 Scheiben Frühstücksspeck

Remoulade
2 Eigelb
2 ganze Eier
2 TL französischer Senf
Saft von 1 Limette
450 ml Olivenöl
1 TL Meerrettichsauce
1 TL Paprikapulver, nach Geschmack edelsüß oder scharf
2 TL Weißweinessig
2 hartgekochte Eier, feingehackt
3 EL feingehackte rote Zwiebel
2 TL feingehackte Kapern
1 TL feingehackte Chilischote oder Chilisauce
Salz und frisch gemahlener schwarzer Pfeffer
2 EL gehackter frischer Koriander

Currysenf
25 g Ghee oder Butter
½ TL Currypulver
1 EL und 1 TL Honig
2 TL Limetten- oder Zitronensaft
2 TL französischer Senf

Garnitur
Limettenscheiben oder Korianderstengel (nach Wunsch)

Korianderstengel, Knoblauch, Schalotten, Olivenöl, Oregano, Thymian, Basilikum sowie Salz und Pfeffer in einer Schüssel vermischen. Die Garnelen unterheben. Abgedeckt über Nacht im Kühlschrank durchziehen lassen.

Den Backofen auf 180°C vorheizen. Den Speck auf einem Rost über einer Fettpfanne 4 bis 6 Min. grillen. Eine halbe Scheibe Speck fest um jede Garnele wickeln und mit einem Zahnstocher zusammenstecken. Bis zum Garen in den Kühlschrank stellen.

Für die Remoulade Eigelb und ganze Eier mit dem Handrührgerät verrühren. Senf und Limettensaft hinzufügen. Bei laufendem Gerät das Öl in dünnem Strahl langsam zugießen, bis eine Mayonnaise entstanden ist. In eine Schüssel füllen und Meerrettich, Paprika, Essig, hartgekochte Eier, Zwiebel, Kapern, Chilischote, Salz, Pfeffer und Koriander hinzufügen. Für etwa 30 Min. in den Kühlschrank stellen.

Zur Herstellung des Currysenfs Ghee oder Butter bei mittlerer Temperatur in einem kleinen Topf zerlassen, dann bei starker Hitze das Currypulver 1 bis 1½ Minuten unter Rühren garen. Honig, Limetten- oder Zitronensaft und Senf hineinrühren.

Die Garnelen bei mittlerer Temperatur von jeder Seite etwa 3 Min. grillen, bis der Speck knusprig ist und die Garnelen gar sind. Auf einen Servierteller legen und etwas Remoulade oder Currysenf daraufsetzen. Mit Limettenscheiben oder Koriander garnieren.

IM BACKOFEN GEBRATENER SÄGEBAUCH MIT CURRY
FÜR 4 PERSONEN

Der Sägebauch ist ein milder, zumeist preiswerter, magerer Fisch, der mit vielerlei Saucen zubereitet werden kann. Wenn man ihn nicht bekommt, kann man statt dessen Roten Schnapper, Flußbarsch, Steinbutt, Seezunge, Zackenbarsch, Heilbutt, Flunder oder Schellfisch verwenden.

Pflanzenöl
4 Sägebarschfilets, jeweils 100 g schwer
100 ml Mayonnaise
2 El trockener Weißwein
2 El Limetten- oder Zitronensaft
1 TL getrockneter Dill
1 TL Currypulver

Den Backofen auf 180°C vorheizen. Einen Grillrost mit Pflanzenöl einpinseln und in eine Fettpfanne setzen. Die Filets auf den Rost legen.

Mayonnaise, Wein, Limetten- oder Zitronensaft, Dill und Curry in einer Schüssel sorgfältig vermischen und gleichmäßig auf die Filets streichen. Den Fisch in 25 Min. im Backofen garen, bis er sich mit einer Gabel leicht zerpflücken läßt.

GEFLÜGEL

INHALT

Gegrillte Putenschnitzel mit pikanter Marmelade
Rum-Honig-Huhn mit Pilzsauce
Geschmortes Huhn nach Art Trinidads
Karibisches Kokosnusshuhn
Gebratenes Huhn nach Kubanischer Art
Gebratenes und flambiertes Huhn
Hühnerfleischwürfel süss-sauer

GEGRILLTE PUTENSCHNITZEL MIT PIKANTER MARMELADE
FÜR 4 PERSONEN

Für dieses Rezept können auch – beliebig viele – Ananasscheiben aus der Dose verwendet werden. Wer frische Ananas vorzieht, bewahrt den Blattschopf auf, um ihn später als Garnitur in die Mitte der Servierplatte zu setzen. Dieses Gericht kann auf einem Holzkohle- oder im Küchengrill zubereitet werden. Es wird mit einem warmen oder kalten Reisgericht und einem Salat serviert.

1 mittelgroße Ananas, mit Schale längs geviertelt, dann quer im Abstand von 2,5 cm tief eingeschnitten
1 Orange, in 1 cm dicke Scheiben geschnitten
20 g brauner Zucker
225 g Orangenmarmelade
2 EL feingehackte Frühlingszwiebel
(weiße und grüne Teile)
½ TL Knoblauch, zerdrückt
½ TL Chilisauce (s. Seite 96)
¼ TL frische, geschälte und geriebene Ingwerwurzel
½ EL Worcestershiresauce
½ EL Pflanzenöl
Salz und frisch gemahlener schwarzer Pfeffer
4 Putenschnitzel, etwa 1 cm dick

Rechtzeitig vor dem Servieren den Holzkohlegrill vorbereiten. Ananas und Orangenscheiben mit dem braunen Zucker bestreuen.

In einer kleinen Schüssel Marmelade, Frühlingszwiebel, Knoblauch, Chilisauce, Ingwerwurzel, Worcestershiresauce, Öl, Salz und Pfeffer vermischen.

Putenschnitzel und Früchte auf den Grill legen. Bei mittlerer Hitze 5 bis 7 Min. grillen, dabei die Putenschnitzel häufig mit der Marmeladenmischung bestreichen. Schnitzel und Früchte mehrmals wenden, bis die Putenschnitzel durch, aber noch saftig sind.

Bei der Zubereitung im Küchengrill die Marmeladenmischung wie oben zubereiten und die Früchte auf einem Rost in eine große Fettpfanne legen, die Ananas mit der Schale nach unten. Die Pfanne möglichst dicht unter den Grill setzen und die Früchte 5 bis 7 Min. grillen, bis sie gebräunt sind. In einer Schüssel warm stellen.

Die Putenschnitzel auf den Rost legen und möglichst dicht unter dem Grill 5 bis 7 Min. braten, dabei häufig mit der Marmeladenmischung bestreichen und einmal wenden, bis sie gerade durch sind.

Rum-Honig-Huhn mit Pilzsauce
Für 4 Personen

Man serviert das Huhn in der Sauce und reicht als Beilage gegarte Gemüse, Nudeln oder Reis.

8 große Hühnerbrustfilets
50 ml Orangensaft
1 EL Honig
20 g geklärte Butter
2 Knoblauchzehen, zerdrückt
100 g kleine Champignons, in Scheiben geschnitten
100 g Austernpilze, in Scheiben geschnitten
225 ml brauner Rum
450 ml Hühnerbrühe
Salz und frisch gemahlener schwarzer Pfeffer
100 ml Sahne
2 Eier, verquirlt
2 EL gehackter frischer Koriander
Orangenscheiben zum Garnieren (nach Wunsch)

Die Hühnerbrustfilets mit der Spitze eines Messers mehrmals einstechen. Orangensaft und Honig mischen und die Hühnerbrust darin 20 Min. marinieren. Dann in einer großen, schweren Pfanne in 15 g geklärter Butter anbräunen. Vom Herd nehmen und beiseite stellen.

Die restliche Butter in der gleichen Pfanne zerlassen und den Knoblauch und die Pilze darin 1 Min. anbraten. Mit dem Rum ablöschen und flambieren. Hühnerfond, Salz und Pfeffer und die Hühnerbrust hinzufügen und alles bei schwacher Hitze 30 Min. köcheln lassen. Kurz vor dem Servieren Sahne und Eier verquirlen und in die Pfanne geben. Bei niedriger Temperatur etwa 1 Min. garen. Den Koriander hinzufügen, abschmecken und das Ganze noch einmal 1 Min. garen. Nach Wunsch mit Orangenscheiben garnieren, dann servieren.

Geschmortes Huhn nach Art Trinidads.

GESCHMORTES HUHN NACH ART TRINIDADS
FÜR 4 BIS 6 PERSONEN

2 EL Limettensaft
1 mittelgroße Zwiebel, gehackt
1 große Tomate, in acht Spalten geschnitten
1 Stange Bleichsellerie, gehackt
1 EL gehackte Frühlingszwiebel
3 EL sehr feingehackter frischer Koriander
1 Knoblauchzehe, gehackt
⅛ TL getrockneter Thymian
1 TL Salz
⅛ TL frisch gemahlener schwarzer Pfeffer
1 EL Weißweinessig
2 EL Worcestershiresauce
1 Huhn, 750 g bis 1 kg, in Portionsstücke zerteilt
2 EL Pflanzenöl
25 g dunkelbrauner Zucker
2 EL Tomatenketchup
225 ml Wasser
225 g Weißkohl, in dünne Streifen geschnitten (nach Wunsch)

Garnitur
Bleichsellerieblätter (nach Wunsch)
Limettenscheiben (nach Wunsch)

In einer großen Schüssel Limettensaft, Zwiebel, Tomate, Bleichsellerie, Frühlingszwiebel, Koriander, Knoblauch, Thymian, Salz, Pfeffer, Essig und Worcestershiresauce vermischen. Die Hühnerteile darin wenden, dann zum Marinieren zugedeckt über Nacht in den Kühlschrank stellen.

In einem schweren Topf das Öl bei mittlerer Temperatur erhitzen, bis es sehr heiß ist, aber noch nicht raucht, und den Zucker hinzufügen. Wenn die Zuckermischung Bläschen zu bilden beginnt, die Hühnerteile mit einem Schaumlöffel portionsweise in den Topf heben. Die Marinade beiseite stellen. Das Huhn unter mehrmaligem Wenden braun braten, dann auf Küchenkrepp abtropfen lassen. Marinade, Tomatenketchup und Wasser in das verbliebene Fett im Topf rühren und die Hühnerteile in die Sauce legen. Das Ganze zum Kochen bringen und zugedeckt unter gelegentlichem Rühren 30 Min. köcheln lassen. Die Kohlstreifen, sofern verwendet, hinzufügen und alles noch einmal 15 bis 20 Min. garen, bis die Hühnerteile vollkommen durch sind. Nach Wunsch mit Sellerieblättern und Limettenscheiben garnieren.

KARIBISCHES KOKOSNUSSHUHN
FÜR 4 PERSONEN

8 Hühnerbrustfilets
2 EL Pflanzenöl
1 große rote Paprikaschote, nach Entfernen von Rippen und Samen gewürfelt
1 große grüne Paprikaschote, nach Entfernen von Rippen und Samen gewürfelt
1 große Zwiebel, gehackt
1 Knoblauchzehe, zerdrückt
50 g Kokosraspeln, geröstet
2 TL abgeriebene Schale von unbehandelten Limetten
Salz
25 g Butter oder Margarine
¼ TL Paprika edelsüß
¼ TL Chilisauce (s. Seite 96)
1 EL Limettensaft
1 EL Aprikosenmarmelade
frischer Koriander zum Garnieren (nach Wunsch)

Den Backofen auf 180°C vorheizen. Die Hühnerbrustfilets zwischen zwei Stücken Klarsichtfolie auf 8 mm Dicke flachklopfen und beiseite stellen. Das Öl in einer großen Pfanne erhitzen. Paprika, Zwiebel und Knoblauch etwa 10 Min. unter häufigem Rühren weich braten. Vom Herd nehmen. Kokosnuß und abgeriebene Limettenschale einrühren und mit Salz und Pfeffer abschmecken.

Die Gemüsemischung auf die 8 Filets verteilen. Die Enden über die Füllung klappen und mit Zahnstochern zusammenstecken. Butter oder Margarine in einen kleinen Bräter geben und bei mittlerer Hitze zerlassen. Die Hühnerrouladen mit der Nahtstelle nach unten hineinlegen. In einer kleinen Schüssel Paprika, Chilisauce und ½ TL Salz vermischen und über das Fleisch geben. 25 bis 30 Min. im Backofen garen, bis das Fleisch durch ist und beim Einstechen mit einer Messerspitze klarer Saft austritt. Die Rouladen auf ein Küchenbrett legen.

Limettensaft und Aprikosenmarmelade in den Bratensaft einrühren und unter weiterem Rühren zum Kochen bringen und den Bratensatz loskochen. Vom Herd nehmen.

Die Zahnstocher entfernen. Die Rouladen in 1 cm dicke Scheiben schneiden und auf einer Servierplatte anrichten, dann die Sauce darübergießen. Falls gewünscht mit frischem Koriander garnieren.

GEBRATENES HUHN NACH KUBANISCHER ART
FÜR 4 BIS 6 PERSONEN

Kubanisches Essen ist nicht besonders scharf, aber gut gewürzt und schmackhaft. Will man dieses Gericht etwas schärfer haben – wie man es in der Dominikanischen Republik und in Puerto Rico gern ißt – gibt man eine kleine, gehackte Chilischote mit der Marinade in den Topf.

6 große Hühnerbeine oder 8 große Hühnerbrustfilets
2 Knoblauchzehen, feingehackt
3/4 TL Salz
1/4 TL frisch gemahlener schwarzer Pfeffer
1/2 TL Oregano
1/2 TL gemahlener Kreuzkümmel
100 ml Bitterorangensaft oder 50 ml Orangensaft und 50 ml Limettensaft
1 große Zwiebel, in dünne Scheiben geschnitten
50 ml Pflanzenöl

Die Hühnerteile nebeneinander in eine große ofenfeste Form geben. Knoblauch, Salz, Pfeffer, Oregano, Kreuzkümmel, Pfeffer und den Saft sorgfältig vermischen und über das Fleisch geben. Die Zwiebelscheiben darauflegen und die Form für mindestens 2 Std. oder aber über Nacht in den Kühlschrank stellen, dabei die Hühnerteile mehrmals wenden. Die Form 1 Std. vor dem Garen aus dem Kühlschrank nehmen. Die Hühnerteile abtropfen lassen und mit Küchenkrepp trockentupfen, die Marinade beiseite stellen.

In einer großen Pfanne das Öl bei mittlerer Temparatur erhitzen. Die Hühnerteile hinzufügen und von jeder Seite etwa 5 Min. bräunen. Marinade und Zwiebeln dazugeben. Die Hitze reduzieren und das Fleisch noch einmal 25 Min. garen.

GEBRATENES UND FLAMBIERTES HUHN
FÜR 4 PERSONEN

8 große Hühnerbrustfilets, in 1 cm breite Streifen geschnitten
50 g Currypulver
50 g geklärte Butter
1 reife Papaya, geschält, entkernt (Kerne aufbewahrt) und in 2 cm große Stücke geschnitten
2 Bananen, in 8 mm dicke Scheiben geschnitten
25 g Koskosraspeln, geröstet
100 ml brauner Rum
75 g Kokoscreme
1/2 TL Salz
1/2 TL weißer Pfeffer

Die Hühnerfleischstreifen im Currypulver wenden. Die geklärte Butter bei starker Hitze in einer großen Bratpfanne zerlassen. Das Hühnerfleisch darin goldbraun braten. Papaya, Bananen und Kokosraspeln hinzufügen. Mit dem Rum flambieren.

Die Kokoscreme hinzufügen und erhitzen, mit Salz und Pfeffer abschmecken. Umrühren und servieren. Dazu reicht man einen grünen Salat mit einem Dressing eigener Wahl und bestreut ihn mit den Papayakernen.

GEFLÜGEL

HÜHNERFLEISCHWÜRFEL SÜSS-SAUER
FÜR 4 PERSONEN

175 g Orangenmarmelade
100 ml Limettensaft
1 TL gehackte Ingwerwurzel
1 TL gemahlene Muskatnuß
ein Spritzer Chilisauce (s. Seite 96)
1 EL Pflanzenöl
8 große Hühnerbrustfilets (etwa 750 g), in 2,5 cm große Würfel geschnitten
1 mittelgroße Papaya, halbiert, entkernt und in 2,5 cm große Würfel geschnitten
175 g Wasserkastanienscheiben aus der Dose, abgetropft
15 g frischer Koriander, gehackt

In einem kleinen Topf bei niedriger Temperatur die Marmelade zerfließen lassen, dann nach und nach Limettensaft, Ingwer, Muskatnuß und Chilisauce unterrühren. Das Öl in einer Bratpfanne erhitzen und die Hühnerfleischwürfel darin bräunen. Die Papaya hinzufügen und umrühren, dann die Marmeladensauce und die Wasserkastanien hinzufügen. Bei mittlerer Hitze in etwa 3 bis 4 Min. durch garen. Die Sauce abschmecken und nach Wunsch mit Chilisauce nachwürzen. Das Gericht in einer Servierschüssel anrichten und mit Koriander bestreuen.

JERK-GERICHTE

MIT JERK-WÜRZMISCHUNGEN MARINIERTES FLEISCH

INHALT

SCHARFES HUHN
HUHN MIT MELASSE
PIKANTE HÜHNERBRUST
PANIERTE HÜHNERBRUST
MCJERK NUGGETS
RASCH GEGARTE SCHWEINEKOTELETTS
**PIKANTE SCHWEINEKOTELETTS
MIT AVOCADOSAUCE**
SCHWEINEFLEISCH »KREOLISCH«
CURRY-KOTELETTS MIT PILAWREIS
INGWER-KOTELETTS MIT CURRY-MANGO
JERK-FRIKADELLEN
GEBRATENE FISCHFILETS

SECHS EINFACHE JERK-WÜRZMISCHUNGEN

THREE KINDS OF FIRE
FOUR PEPPERS PLUS
MELANGE
EAST-WEST-INDIES
EASY BAJAN
RUM JERK

ZWEI PIKANTE SAUCEN

SCHARFE SAUCE SÜSS-SAUER
TAMARINDENSAUCE

Scharfes Huhn
Für 4 bis 6 Personen

Für dieses Gericht wird eine klassische *jerk*-Würzmischung verwendet – eine Kombination aus Gewürzen, braunem Zucker und Chilischoten. Das einzige, was dieser Urvater der *jerk*-Mischungen mit den noch folgenden Würzen gemein hat, sind die extrem scharfen *habañero*-Schoten.

*4 TL Pimentbeeren, im Mörser zerstoßen,
oder 1 TL gemahlenes Piment
6 Knoblauchzehen, zerdrückt
2 EL geschälte und gehackte Ingwerwurzel
25 g dunkelbrauner Zucker
3 EL scharfer Senf
1 TL gemahlener Zimt
3 EL entstielte, entkernte und gehackte Chilischoten
Chilisauce (s. Seite 96) zum Abschmecken
100 ml Olivenöl
2 Frühlingszwiebeln, in Scheiben geschnitten
50 ml Apfelessig
2 EL Limettensaft
Salz und frisch gemahlener schwarzer Pfeffer
1 Huhn (1,4 bis 1,6 kg schwer), zerlegt, oder 6 große
Hühnerbeine oder 8 große Hühnerbrustfilets mit Haut*

Die Chilischoten im Mörser zu einer Paste mahlen. Piment, Knoblauch, Ingwer, Zucker, Senf, Zimt, Chilisauce, Olivenöl, Frühlingszwiebeln, Essig und Limettensaft hinzufügen und zu einer glatten Paste verrühren. Mit Salz und Pfeffer abschmecken.

Ggf. die Hühnerbeine teilen. Vorsichtig die Haut der Hühnerteile anheben und die Würzpaste zwischen der Haut und dem darunterliegenden Fleisch verteilen. Dann die Haut von außen einreiben. Die Hühnerteile zugedeckt für 2 Std. in den Kühlschrank stellen.

Das Huhn auf dem Holzkohlegrill etwa 30 Min. bei schwacher Hitze braten, bis die Haut dunkel und knusprig ist – zwischendurch einmal wenden.

Oder den Backofen auf 180°C vorheizen. Das Huhn 30 bis 40 Min. braten, dann unter den Grill legen und auf jeder Seite 2 bis 3 Min. grillen, bis die Haut dunkelbraun und knusprig ist.

Huhn mit Melasse
Für 4 bis 6 Personen

Melasse ist nicht so süß wie Zucker, und sie verleiht diesem Gericht nicht nur eine feine Süße, sondern auch eine tiefes Rotbraun. Das Huhn kann auch einen Tag im voraus zubereitet und abgedeckt im Kühlschrank aufbewahrt werden.

2 1/2 EL Apfelessig
1 1/2 EL Worcestershiresauce
3/4 EL Melasse
3/4 EL geriebene Ingwerwurzel
3/4 TL Chilisauce (s. Seite 96)
2 Knoblauchzehen, feingehackt
1 mittelgroße Zwiebel, feingehackt
2 kleine grüne Oliven, in Scheiben geschnitten
(nach Wunsch)
3/4 TL gemahlenes Piment
3/4 TL gemahlener Zimt
3/4 TL Salz
3/4 TL frisch gemahlener schwarzer Pfeffer
1 Huhn (1,4 bis 1,6 kg schwer) zerlegt oder 6 große Hühnerschenkel oder 8 große Hühnerbrustfilets mit Haut

Essig, Worcestershiresauce, Melasse, Ingwer, Chilisauce, Knoblauch, Zwiebeln, Oliven, Piment, Zimt, Salz und Pfeffer zu einer Marinade vermischen.

Behutsam die Haut vom Hühnerfleisch abziehen, aber nicht ganz abtrennen. Die Marinade in eine Schale geben und die Hühnerteile darin wenden. Zudecken und mindestens 2 Std. oder aber über Nacht im Kühlschrank durchziehen lassen.

Den Backofen auf 200°C vorheizen. Das Huhn aus der Marinade nehmen und die Haut wieder über das Huhn zurückziehen. Die restliche Marinade weggießen. Die Hühnerteile nebeneinander in eine feuerfeste Form legen und etwa 30 Min. im Backofen braten, bis die Haut knusprig ist und beim Einstechen mit einer Gabel klarer Saft aus dem Fleisch austritt. Das Huhn kann auch einen Tag im voraus zubereitet und im Kühlschrank aufbewahrt werden. Zum Erhitzen bei 190°C locker mit Alufolie abgedeckt etwa 20 Min. im Backofen aufwärmen. Die Haut unter dem Grill knusprig braten.

Da es in der Karibik Kokosnüsse in Hülle und Fülle gibt, werden ihre Milch und ihr Fleisch für vielfältige Speisen und Getränke verwendet.

PIKANTE HÜHNERBRUST
FÜR 4 PERSONEN

Dieses Gericht ist nicht scharf, sondern süßlich-pikant. Man serviert es mit Strauchbohnen und Reis (s. Seite 117).

2 EL gehackte Zwiebeln
4 TL frischer Thymian oder 1 TL getrockneter
2 TL Salz
2 TL geriebene Muskatnuß
4 TL Zucker
2 TL frisch gemahlener schwarzer Pfeffer
8 Hühnerbrustfilets, jeweils etwa 100 g schwer
15 g Butter oder Margarine
1 EL Speiseöl

Zwiebel, Thymian, Salz, Muskatnuß, Zucker und schwarzen Pfeffer in einer kleinen Schüssel vermischen. Das Hühnerfleisch mit einer Messerspitze mehrmals einstechen, in eine säurebeständige Schüssel legen und auf beiden Seiten mit der Würzmischung einreiben. Abdecken und für etwa 20 Min. in den Kühlschrank stellen.

Butter oder Margarine und Öl in einer Pfanne erhitzen, in der die Hühnerbrustfilets nebeneinander Platz haben. Die Filets hineinlegen und behutsam von jeder Seite, je nach Dicke, 5 bis 10 Min. braten. Sie sind gar, wenn beim Einstechen klarer Saft austritt.

PANIERTE HÜHNERBRUST
FÜR 4 PERSONEN

In der bajanischen Küche reibt man mit *jerk*-Würzmischung eingeschnittenes, gekochtes Hühnerfleisch ein, das man anschließend paniert und fritiert.

8 Hühnerbrustfilets
3 EL entstielte, entkernte und feingehackte Chilischoten
6 Frühlingszwiebeln, feingehackt (mit grünen Teilen)
3 Knoblauchzehen, zerdrückt
2 EL Limettensaft
2 EL gehackter frischer Koriander
1 EL gehackter frischer Schnittlauch
½ TL gemahlene Nelken
¼ TL Thymian
¼ TL Majoran
¼ TL Paprika
½ TL frisch gemahlener schwarzer Pfeffer
1 Ei
1 EL Sojasauce
1 EL Chilisauce (s. Seite 96)
Mehl zum Wenden
350 g Semmelbrösel
Pflanzenöl zum Fritieren

Den Backofen auf 180°C vorheizen. Das Fleisch mit Pflanzenöl oder geklärter Butter einpinseln, in eine flache, ofenfeste Form legen und in etwa 30 Min. durchgaren.

Chilischoten, Frühlingszwiebeln, Knoblauch, Limettensaft, Koriander, Schnittlauch, Thymian, Majoran, Paprika und schwarzen Pfeffer vermischen. Das Hühnerfleisch tief einschneiden und die Würzmischung in die Schnitte reiben.

Die Eier mit Soja- und Chilisauce verquirlen. Die Brustfilets dünn in Mehl wenden, durch die Eimischung ziehen und in den Semmelbröseln wenden.

Das Öl auf 190°C erhitzen und die Hühnerbrust auf jeder Seite in etwa 4 Min. goldbraun fritieren. Auf Küchenkrepp abtropfen lassen und servieren.

McJERK NUGGETS
FÜR 4 PERSONEN

Mit Reis oder Nudeln serviert, werden vor allem Kinder dieses gewürfelte Hühnerfleisch lieben. Man kann auch kalte Hühnerfleischwürfel zerkleinern und über Salat geben.

1 kg Hühnerschenkel und/oder Hühnerbrust, enthäutet und in 5 cm große Würfel geschnitten
*3 EL und 1 bis 2 TL einer beliebigen **jerk**-Würzmischung von Seite 92*

Die Hühnerfleischwürfel abspülen und mit Küchenkrepp trockentupfen. In eine Schüssel geben und mit der Würzmischung einreiben. Die Würfel in eine säurebeständige Schüssel legen und zudecken, dann für mindestens 1 Std. oder aber über Nacht im Kühlschrank durchziehen lassen.

Den Backofen auf 180°C vorheizen. Die Hühnerfleischwürfel in einen Bräter geben und zugedeckt etwa 45 Min. garen, nach der halben Garzeit wenden.

Kurz vor dem Herausnehmen eventuell 1 bis 2 TL *jerk*-Würzmischung mit etwas Bratensaft und einer kleinen Menge Wasser vermischen, um die Bratensauce zu strecken. Die Sauce über das Fleisch geben und servieren.

RASCH GEGARTE SCHWEINEKOTELETTS
FÜR 4 PERSONEN

Dieses Gericht ist im Handumdrehen zubereitet. Wenn man die Koteletts über Nacht beizt, muß man sie am nächsten Tag nur noch grillen. Die gleiche Würzmischung kann für Lammkoteletts, Hühnerbrust oder Hochrippensteaks verwendet werden. Wenn man dazu Tomaten- und Gurkensalat und etwas Kokosnußreis serviert, hat man den typischen Geschmack der tropischen Küche.

3 EL entstielte, entkernte und gehackte Chilischoten
50 g frische Pimentbeeren oder 3 EL gemahlenes Piment
3 EL Limettensaft
2 EL gehackte Frühlingszwiebel
1 TL Chilisauce (s. Seite 96)
1 TL gemahlener Zimt
1 TL gemahlene Muskatnuß
4 Schweinekoteletts

Im Mixer oder in der Küchenmaschine aus Chilischoten, Piment, Limettensaft, Frühlingszwiebel, Chilisauce, Zimt und Muskatnuß eine dicke Paste herstellen. Die Koteletts mit der Würzmischung einreiben und zugedeckt für mindestens 1 Std. in den Kühlschrank legen.

Die Koteletts auf einem Holzkohlenfeuer oder im Küchengrill braten. Durch die Würzmischung erhalten sie eine dunkle Kruste.

PIKANTE SCHWEINEKOTELETTS MIT AVOCADOSAUCE
FÜR 4 PERSONEN

225 ml Bier
20 g frisches Basilikum, sehr feingehackt
50 ml frisch gepreßter Limettensaft
2 EL sowie ¼ TL Chilisauce (s. Seite 96)
1½ TL Senfpulver (ersatzweise Senf)
½ TL trockene jerk-Würzmischung (s. Seite 92) oder Salz
2 Knoblauchzehen, zerdrückt
4 magere Schweinelendenkoteletts, 1 cm dick, Fett entfernt
25 g sowie 2 TL brauner Zucker
2 EL körniger Senf
1 EL und 1 Spritzer Apfelessig
1½ TL Melasse
Pflanzenöl

Sauce
1 reife Avocado, geschält, entsteint und grob gehackt
1 EL Limettensaft
¾ TL Chilipulver
¼ TL sehr feingehackter Knoblauch
½ TL Salz
2 EL Mayonnaise

Bier, Basilikum, Limettensaft, 2 EL Chilisauce, Senfpulver bzw. Senf, Würzmischung oder Salz und Knoblauch in einer Schale vermischen und die Koteletts darin wenden. Zugedeckt für 8 Std. in den Kühlschrank stellen, zwischendurch gelegentlich wenden.

Braunen Zucker, Senf, Essig, Melasse und restliche Chilisauce in einem kleinen Topf vermischen und zum Kochen bringen. Dann sofort die Temperatur reduzieren und die Mischung im offenen Topf 2 Min. köcheln lassen. Beiseite stellen.

Einen Grillrost mit Öl einpinseln und bei mittlerer Hitze über Holzkohlenglut oder in den Küchengrill setzen. Die Koteletts aus der Marinade nehmen, die Würzmischung wegwerfen. Das Fleisch rundum mit der Zuckermischung bestreichen und etwa 5 Min. grillen.

Mit dem Schneidstab des Handrührgeräts das Avocadofleisch mit Limettensaft, Chilipulver, Knoblauch, Salz und Mayonnaise pürieren, um eine glatte Sauce herzustellen.

SCHWEINEFLEISCH »KREOLISCH«
FÜR 4 PERSONEN

Wenn von diesem gutgewürzten, saftigen Fleisch ein Rest übrigbleibt, kann man ihn einfrieren oder in den Kühlschrank stellen und für Salate (s. Seite 39), Vorspeisen, Sandwiches und Snacks (s. Seite 29) verwenden.

1 EL von einer trockenen jerk-Würzmischung (s. Seite 92)
oder einer fertigen Würzmischung
750 bis 1000 g Schweinefilet
350 ml Hühnerfond

Das Fleisch vollständig mit der Würzmischung einreiben. Auf einen Teller legen, lose mit Klarsichtfolie abdecken und für 2 bis 3 Std. in den Kühlschrank stellen.

Den Backofen auf 180°C vorheizen. Eine große Bratpfanne leicht fetten und bei hoher Temperatur etwa 3 Min. erhitzen. Das Fleisch darin rundum anbraten, dann in eine ofenfeste Form legen und den Fond zugießen. Im Backofen 25 bis 30 Min. braten, dabei gelegentlich wenden und mit Bratensaft begießen. Innen sollte das Fleisch gerade noch rosa sein. In 1 cm dicke Scheiben schneiden und servieren.

Curry-Koteletts mit Pilawreis
Für 4 Personen

Dieses feingewürzte Fleisch ist eine wunderbare Ergänzung für Pilawreis. Dazu reicht man einen Salat.

200 g weißer Langkornreis
2 EL Pflanzenöl
175 g Rosinen
½ TL gemahlener Kreuzkümmel
½ TL Salz
½ TL frisch gemahlener schwarzer Pfeffer
275 ml Hühnerbrühe
50 ml Wasser
1½ TL Currypulver
⅛ TL gemahlener Zimt
⅛ TL Chillipulver
8 sehr dünne Schweinekoteletts (insgesamt 1 kg)

In einem Topf den Reis in 1 EL Öl 2 bis 3 Min. goldbraun anrösten. Rosinen, ¼ TL Kreuzkümmel, Salz und Pfeffer einrühren und den Topfinhalt 1 Min. garen. Brühe und Wasser zugießen und den Reis weitere 15 bis 20 Min. bei geschlossenem Topf garen, bis er die gesamte Flüssigkeit aufgenommen hat.

In der Zwischenzeit Currypulver, restlichen Kreuzkümmel, Zimt und Chilipulver vermischen. Mit der Würzmischung die Koteletts einreiben.

Das verbliebene Öl auf zwei große Pfannen verteilen und bei mittlerer Temperatur erhitzen. Die Koteletts in beiden Pfannen gleichzeitig zugedeckt von jeder Seite etwa 3 Min. braten, bis sie durch sind. Oder in zwei Portionen in einer Pfanne braten, die erste Portion warm stellen. Mit dem Reis servieren.

INGWER-KOTELETTS MIT CURRY-MANGO
FÜR 6 PERSONEN

Dies sind nicht einfach Koteletts, dies ist ein würzig-fruchtiges Hauptgericht, zu dem man am besten schlichtere Beilagen serviert wie einfachen weißen Reis oder schwarze Bohnen. Ein kreolischer Spinatsalat (s. Seite 40) sorgt für kontrastierende Farbe und Struktur.

6 Schweinelendenkoteletts, etwa 2,5 cm dick, Fett entfernt
1½ TL geriebene Ingwerwurzel oder gemahlener Ingwer
3 Knoblauchzehen, zerdrückt
100 ml trockener Sherry oder trockener Wein
175 g Ingwermarmelade oder Orangenmarmelade
50 ml Sojasauce
2 EL helles Sesamöl

Curry-Mango
2 Mangos, in mundgerechte Stücke geschnitten
(oder ungesüßte Mango aus der Dose oder 4 Nektarinen)
25 g Butter oder Margarine, zerlassen
50 g brauner Zucker
1 bis 1½ TL Currypulver

Zuerst die Mango zubereiten. Den Backofen auf 180°C vorheizen. Die (abgetropfte) Mango in eine ofenfeste Form legen. Butter oder Margarine, Zucker und Curry vermischen und über die Früchte geben. 30 Min. im Backofen garen. Warm stellen, bis die Koteletts fertig sind.

Die Koteletts rundum 8 mm tief einschneiden. Ingwer und Knoblauch zu einer glatten Paste verrühren und damit das Fleisch auf beiden Seiten einreiben, die restliche Paste auf den Koteletts verteilen. Beiseite stellen.

Sherry oder Wein, Marmelade, Sojasauce und Sesamöl sorgfältig verrühren und über die Koteletts gießen. Kurz vor dem Servieren einen Grill vorbereiten. Die Koteletts auf die heißeste Stelle des Grills legen etwa 10 Min. garen, dabei gelegentlich mit Sauce bepinseln und gelegentlich wenden. Die Koteletts können auch im Backofen bei 180°C gebraten werden.

Jerk-Frikadellen
Für 4 Personen

Man serviert diese Burger auf leicht getoasteten Hamburger-Brötchen und reicht dazu verschiedene Würzen, Salatblätter sowie in Scheiben geschnittene Zwiebeln und reife Tomaten.

1 kg magerer Rinderkamm, gehackt
*½ EL einer trockenen **jerk**-Würzmischung (s. Seite 92) oder fertigen Würzmischung*
ein Spritzer Chilisauce (s. Seite 96)
1 TL Zucker
1 kleine Zwiebel, gehackt
1½ bis 2 EL Semmelbrösel
Pflanzenöl

Hackfleisch, Würzmischung, Chilisauce, Zucker, Zwiebel und Semmelbrösel in einer großen Schüssel vermischen. Aus der Fleischmasse Frikadellen formen und diese auf dem Grill oder in der Bratpfanne braten, zwischendurch einmal wenden. Nach Wunsch vor dem Wenden mit weiterer Würzmischung bestreichen, damit sie eine schöne Kruste bekommen.

Gebratene Fischfilets
Für 4 bis 6 Personen

In diesem bajanischen Rezept wird Fisch mit einer *jerk*-Würzmischung eingerieben. Eigentlich wird dieses Gericht mit Fliegenden Fischen zubereitet, man kann sie jedoch durch Filets von jedem Fisch mit festem, weißem Fleisch ersetzen wie Schnapper, Flußbarsch, Steinbutt oder Seezunge.

6 Fliegende Fische oder Fischfilets
1 kleine Zwiebel, feingehackt
Salz
weißer Pfeffer
ein Spritzer Angostura Bitter
1 Knoblauchzehe, zerdrückt
1 Zweig frischer Thymian, feingehackt
1 Stengel frischer Majoran, feingehackt
Pflanzenöl
1 EL brauner Rum
1 Ei
Semmelbrösel

Die Fischfilets waschen und mit Küchenkrepp trockentupfen. Zwiebel, Salz, weißen Pfeffer, Angostura Bitter, Knoblauch, Thymian und Majoran vermischen. Die Fischfilets auf beiden Seiten gut mit der Mischung einreiben.

Das Öl bei mittlerer Temperatur in einer Bratpfanne erhitzen, in der alle Fischfilets nebeneinander Platz haben (oder zwei Pfannen verwenden). Rum und Ei verquirlen. Die Filets durch die Eimischung ziehen, dann in den Semmelbröseln wenden. Von jeder Seite 2 bis 3 Min. braten.

JERK-GERICHTE

Jerk-*Frikadellen.*

Sechs einfache Jerk-Würzmischungen

Hier werden einige weitere Würzmischungen vorgestellt, die man vielseitig einsetzen kann. Die ersten vier sind sehr einfach und bestehen ausschließlich aus getrockneten Gewürzen. Die beiden anderen enthalten auch einige frische Zutaten, und die Zutaten für die sechste – *rum jerk* – dürfen erst kurz vor der Verwendung hinzugefügt werden. Jedes Rezept ergibt eine nur kleine Menge – etwa 40 g. Wenn man von einer Mischung eine größere Portion zubereitet, kann man sie in einem fest verschließbaren Gefäß im Kühlschrank aufbewahren. Diese Mischungen eignen sich für fast alle Arten von Fleisch, Fisch oder Meeresfrüchten wie auch für Salate und Suppen. Mit den Mischungen aus getrockneten Gewürzen kann man auch fritierte Batatenscheiben oder gebratene grüne Gemüsebananen würzen.

1 Three kinds of fire
2 TL Chilipulver
1½ TL gemahlener Kreuzkümmel
½ TL Cayennepfeffer
2 TL Salz

2 Four peppers plus
1 EL Paprika edelsüß
1 TL Zwiebelpulver
1 TL Knoblauchpulver
1 TL Cayennepfeffer
½ TL frisch gemahlener schwarzer Pfeffer
½ TL gemahlener weißer Pfeffer
½ TL gemahlener Kreuzkümmel
eine Prise Salz

3 Melange
1¼ EL Paprika edelsüß
1 EL Knoblauchpulver
1 EL frisch gemahlener schwarzer Pfeffer
½ EL Chilipulver
½ EL getrockneter Thymian
½ EL getrockneter Oregano
½ EL Zwiebelpulver

4 East-West-Indies
3 TL Currypulver
3 TL Paprika edelsüß
1½ TL gemahlener Kreuzkümmel
¾ TL gemahlenes Piment
½ TL Chilipulver

5 Easy bajan
1 mittelgroße Zwiebel, gehackt
1 Knoblauchzehe, zerdrückt
3 Frühlingszwiebeln, gehackt, mit ein wenig
von den grünen Teilen
1 Stück Chilischote (1 mal 1 cm groß), gehackt
1 TL sehr feingehackter Koriander
1 TL feingehackter Thymian
1 Stengel Majoran
¼ TL Piment
½ TL Salz
frisch gemahlener schwarzer Pfeffer
ein Spritzer Worcestershiresauce

6 Rum jerk
2 EL Knoblauchpulver
2 TL gemahlener Ingwer
2 TL gemahlenes Piment
½ TL gemahlener Zimt
½ TL Muskatnuß
2 TL Salz
3 Lorbeerblätter, zerrieben
2 TL Cayennepfeffer
100 ml Limettensaft
1 mittelgroße Zwiebel, in Scheiben geschnitten
225 ml brauner Rum
150 g dunkelbrauner Zucker

Knoblauchpulver, Ingwer, Piment, Zimt, Muskatnuß, Salz, Lorbeerblätter und Cayennepfeffer vermischen und in einem fest verschlossenen Glas im Kühlschrank aufbewahren. Unmittelbar vor Verwendung der Mischung Limettensaft, Zwiebel, Rum und Zucker hinzufügen. Das Fleisch für mindestens 2 Std. in der Beize in den Kühlschrank stellen und während des Grillens immer wieder mit der Mischung bestreichen.

ZWEI PIKANTE SAUCEN

SCHARFE SAUCE SÜSS-SAUER
ERGIBT ETWA 450 ML

Dies ist eine reizvolle Ergänzung zu allen *jerk*-Gerichten. Man reicht sie auch zu anderen Geflügel-, Schweinefleisch- oder Wildgerichten. Die Sauce hält sich im Kühlschrank in einem fest verschlossenen Behälter etwa 6 Wochen.

2 EL Pflanzenöl
1 mittelgroße Zwiebel, grob gehackt
3 reife Bananen (etwa 450 g), in 1 cm dicke Scheiben geschnitten
175 ml Guavennektar
50 ml frisch gepreßter Orangensaft
1 EL dunkelbrauner Zucker
1 1/2 TL Currypulver
1 EL Branntweinessig
2 EL Limettensaft
Salz und frisch gemahlener schwarzer Pfeffer

In einem mittelgroßen, säurebeständigen Topf das Öl bei mittlerer Temperatur erhitzen. Die Zwiebel hinzufügen und in 5 bis 7 Min. weich garen. Bananenscheiben zufügen und unter häufigem Rühren etwa 5 Min. garen. Guavennektar, Orangensaft, Zucker, Currypulver und 1/2 EL Essig dazugeben und bei hoher Temperatur zum Kochen bringen. Die Hitze reduzieren und die Mischung etwa 10 Min. leicht kochen lassen, bis sie die Konsistenz von Apfelmus hat.

Vom Herd nehmen, dann den verbliebenen Essig und den Limettensaft einrühren. Mit Salz und Pfeffer abschmecken. Man kann die Sauce heiß oder kalt servieren.

Obst wird in großen Mengen für Speisen und Garnituren verwendet.

TAMARINDENSAUCE
ERGIBT ETWA 350 ML

Diese säuerliche Sauce bildet einen schönen Kontrast zu scharfen *jerk*-Gerichte oder Schweine- und Kalbsbraten.

450 ml Tamarindensaft (s. Seite 17)
50 g getrocknetes Tamarindenmark
450 ml Hühnerbrühe
50 ml trockener Sherry
1 TL Maisstärke
1 EL kaltes Wasser

In einem mittelgroßen Topf Tamarindensaft und -mark vermischen und bei mittlerer Hitze unter gelegentlichem Rühren 20 Min. einkochen lassen. Brühe und Sherry hinzufügen und die Mischung weitere 25 Min. garen. Die Sauce durch ein Sieb streichen, das Tamarindenmark wegwerfen.

Die Maisstärke mit dem kalten Wasser verrühren, und unter die Tamarindenmischung rühren. Die Sauce sollte die Konsistenz von Marmelade haben.

FLEISCH

INHALT

Knusprige Schweinefleischhappen
mit Chilisauce

Ingwer-Schweinefleisch mit
Limetten-Meerrettich-Sauce

Gebratene Schweinekeule
nach Art Puerto Ricos

Schweinskarree mit Knoblauch
und Tamarindensaft

Schinken mit Ingwer-Rum-Glace

Schweinekoteletts mit Ananassaft

Mariniertes Schweinefilet mit
Mango-Papaya-Chutney

Geschmortes Lamm »Sint Maarten«

Chilitopf

Lendensteak mit Ananas-Chutney

KNUSPRIGE SCHWEINEFLEISCHHAPPEN MIT CHILISAUCE
FÜR 4 BIS 6 PERSONEN

Diese köstlichen Leckerbissen heißen auf Haiti *griots* und auf Cuba *masas de puerco*. Zudem sind sie mit einem Gericht in Trinidad verwandt, das man dort Knoblauch-Schweinefleisch nennt. Durch das Marinieren wird das Fleisch innen sehr zart, und zum Schluß bräunt man es, wodurch es eine so herrlich knusprige Kruste erhält wie Fleisch, das über offenem Feuer gegrillt wurde. Dazu reicht man selbstgemachte Saucen (siehe rechts) und/oder scharfe Fertigsaucen aus der Karibik. (Wer seine Lieblingssauce gefunden hat, bereitet eine größere Menge zu, da sie für jedes Gericht in diesem Buch verwendet werden kann, zu dessen Zutaten Chilisauce gehört.)

1,4 kg Schweinefilet, in 1 cm große Stücke geschnitten
1 große Zwiebel, feingehackt
½ TL getrockneter Thymian
225 ml Bitterorangensaft oder 100 ml Orangensaft und 100 ml Limettensaft
1 frische Chilischote, gehackt
2 Knoblauchzehen, zerdrückt
100 ml Erdnußöl
frisch gemahlener schwarzer Pfeffer
Salz
¼ TL gemahlener Zimt
½ TL gemahlener Kreuzkümmel

In einer Glasschüssel die Schweinefleischstücke mit Zwiebel, Thymian, Orangensaft, Chilischote, Knoblauch, Pfeffer und Salz mischen. Zugedeckt für 6 bis 8 Std. in den Kühlschrank stellen. Dann in eine große schwere Pfanne füllen und soviel Wasser zugießen, daß die Fleischwürfel bedeckt sind. Die Temperatur reduzieren und das Fleisch in etwa 40 Min. gar kochen lassen.

Das Fleisch abtropfen lassen und mit Küchenkrepp trockentupfen. Das Öl in einer Bratpfanne erhitzen und die Fleischstücke unter Rühren scharf anbraten, bis sie rundum gebräunt sind. Sofort servieren.

EXTRASCHARFE CHILISAUCE
ERGIBT ETWA 450 ML

225 ml Essig
90 ml Limetten- oder Zitronensaft
2 Zwiebeln, feingehackt
6 Radieschen, feingehackt
2 Knoblauchzehen, zerdrückt
2 EL entstielte, entkernte und feingehackte Chilischoten
4 EL Olivenöl
frisch gemahlener schwarzer Pfeffer und Salz zum Abschmecken

Alle Zutaten in einer säurebeständigen Schüssel vermischen und servieren. Übrigbleibende Sauce in einem festverschlossenen Glas aufbewahren.

PAPAYA-CHILI-SAUCE
ERGIBT ETWA 450 ML

2 EL entstielte, entkernte und feingehackte Chilischoten
60 g Papaya, gehackt
60 g Rosinen
100 g Zwiebel, feingehackt
3 Knoblauchzehen, zerdrückt
½ TL gemahlener Gelbwurz (Kurkuma)
50 ml Malzessig

Alle Zutaten in einem säurebeständigen Topf vermischen und unter ständigem Rühren zum Kochen bringen. Die Hitze reduzieren und die Mischung 5 Min. garen, dann mit dem Schneidstab des Handrührgerätes pürieren und servieren. Übriggebliebene Sauce in einem festverschlossenen Glas aufbewahren.

LIMETTEN-MEERRETTICH-SAUCE
ERGIBT ETWA 450 ML

40 g geriebener Meerrettich
65 ml Limettensaft
65 ml Mayonnaise
100 ml Joghurt
Salz und frisch gemahlener schwarzer Pfeffer

Alle Zutaten in einer säurebeständigen Schüssel vermischen. In einem festverschlossenen Glas über Nacht in den Kühlschrank stellen, damit die Aromen verschmelzen können.

FLEISCH

SCHARFE MARMELADENSAUCE

175 g Limetten- oder Orangenmarmelade
175 g geriebener Meerrettich

Den Meerrettich löffelweise unter die Marmelade mischen und die Sauce immer wieder probieren. In einem fest verschlossenen Glas kalt stellen (und aufbewahren).

INGWER-SCHWEINEFLEISCH MIT LIMETTEN-MEERRETTICH-SAUCE
FÜR 8 BIS 10 PERSONEN

Gebratenes Schweinefleisch findet in der kreolischen Küche vielfältige Verwendung. Wenn von diesem Rezept etwas Fleisch übrigbleibt, kann man es für andere Gerichte in diesem Kapitel und im Kapitel *jerk*-Gerichte verwenden.

750 g mageres Schweinefleisch ohne Knochen, in 2,5 cm große Würfel geschnitten
3 EL Sojasauce
1 kleine Knoblauchzehe, zerdrückt
½ TL frisch gemahlener schwarzer Pfeffer
½ TL Zucker
1 TL sehr feingehackte Ingwerwurzel
1 TL Erdnußöl
Limetten-Meerrettich-Sauce (s. Seite 96)

Die Fleischwürfel mit den anderen Zutaten in einer Glasschüssel vermischen und 2 Std. durchziehen lassen, dabei mehrmals wenden.

Den Backofen auf 170°C vorheizen. Die Fleischstücke in einer Lage nebeneinander in einem Bräter verteilen und 1 Std. im Backofen braten, dabei zwischendurch mehrmals wenden. Mit der Limetten-Meerrettich-Sauce servieren.

GEBRATENE SCHWEINEKEULE NACH ART PUERTO RICOS
FÜR 8 BIS 10 PERSONEN

Dies ist ein großartiges Rezept für preiswertes Fleisch: Schweinekeule. In Puerto Rico trägt dieses Gericht den Namen *fabada asturiana*, und es ist dort sehr beliebt, da die Puertoricaner würzige Zutaten lieben, die dieses Rezept in reichlichem Maß enthält. Es gibt auch viele Möglichkeiten, übrigbleibendes Fleisch zu verwenden – etwa für die Rezepte in diesem Kapitel und im Kapitel *jerk*-Gerichte. Bei diesem Rezept kann man die verwendete Menge Kürbis und Zwiebeln entsprechend der Anzahl der Personen variieren.

1 EL pürierter Knoblauch
3 EL Olivenöl
½ TL getrockneter Oregano
¾ TL gemahlener Kreuzkümmel
1 TL Salz
½ TL schwarzer Pfeffer
4 große Frühlingszwiebeln, gehackt
50 g frischer Koriander, gehackt
1 grüne Paprikaschote, gehackt
225 ml weißer Rum
1 Schweinekeule (etwa 3 kg schwer)
2 große mehlige Kartoffeln (je 225 g), gewaschen und längs in je 8 Scheiben geschnitten
1 bis 3 große rote Zwiebeln, in jeweils 8 Stücke geschnitten
2 bis 4 Stücke Kürbis z.B. Butternußkürbis oder Kalabasse, geschält und in 2,5 cm dicke Scheiben geschnitten (nach Wunsch)
2 bis 4 Zucchini, in 2,5 cm dicke Scheiben geschnitten (nach Wunsch)

Bratensauce
4 EL Bratensaft aus dem Bräter
25 g Mehl
½ TL schwarzer Pfeffer
1 l Wasser oder Rinderbrühe

Den Knoblauch im Olivenöl weichgaren. Dann mit dem Schneidstab des Handrührgeräts das Öl mit Oregano, Kreuzkümmel, Salz, Pfeffer, Frühlingszwiebeln, Koriander, grünen Paprika und Rum zu einer Paste pürieren.

Die Schweinekeule in einen säurebeständigen ofenfesten Bräter legen und in die Haut auf der Oberseite mit einem scharfen Messer ein rautenförmiges Muster einschneiden. Die Keule mit der Würzpaste einreiben. Zugedeckt über Nacht in den Kühlschrank stellen und durchziehen lassen.

Den Backofen auf 170°C vorheizen und die Keule 2 Std. im Backofen garen. Dann Kartoffeln, Zwiebeln und, sofern verwendet, Kürbis dazugeben und mit dem Bratenfett bepinseln. Die Zutaten eine weitere Stunde garen, dann, sofern verwendet, die Zucchini hinzufügen und die Keule erneut mit Bratenfett bepinseln. Das Ganze weitere 45 Min. im Ofen garen (pro 450 g Fleisch sollte die Garzeit 32 bis 35 Min. betragen). Ein in die dickste Stelle der Keule gestecktes Bratenthermometer sollte 85°C anzeigen.

Die Keule auf ein Schneidebrett legen und lose mit Alufolie abdecken. Vor dem Aufschneiden 15 Min. ruhen lassen. Die Gemüse in einer Schüssel anrichten und warm stellen.

Falls man weniger Gäste mit diesem Gericht bewirten möchte, kann man es auch aufteilen und einen Teil des Fleisches anderweitig verwenden. Z.B. ein Drittel des Schweinefleischs aufschneiden und mit den Gemüsen servieren, 225 ml Bratensaft für Sauce verwenden. Dann gut die Hälfte des übrigen Fleisches in dünne Scheiben schneiden (etwa 450 g), in Gefrierbeutel geben und einfrieren. Das restliche Fleisch (etwa 350 g) in Streifen schneiden und zugedeckt in den Kühlschrank stellen. Die Fleischstreifen halten sich im Kühlschrank etwa eine Woche.

Für die Bratensauce den Bräter auf den Herd stellen, den Bratensaft erhitzen und das Mehl einstreuen. Bei mittlerer Temperatur mit dem Schneebesen glattrühren und den Bratensatz loskochen. Nach und nach Rinderbrühe einrühren. Die Mischung zum Kochen bringen, dann die Hitze reduzieren. Die Sauce 5 Min. köcheln und eindicken lassen, dabei mehrmals umrühren. Wenn die Bratensauce auch für eine andere Mahlzeit verwendet werden soll, kann man einen Teil abkühlen lassen und in einem fest verschlossenen Behälter im Kühlschrank aufbewahren.

Fleisch

Schweinskarree mit Knoblauch und Tamarindensaft
Für 10 bis 12 Personen

Auch dieses Fleisch läßt sich für viele Gerichte verwenden wie etwa den Salat auf Seite 51. Außerdem schmeckt diese Fleischzubereitung auch mit Orangen-Curry-Sauce (s. Seite 65) gut.

2,75 kg Schweinskarree, entbeint, gerollt und zusammengebunden
8 mittelgroße Knoblauchzehen, 2 halbiert, 6 zerdrückt
2 TL Salz
1½ TL abgeriebene Schale von unbehandelten Zitronen
1 EL frische Thymianblätter oder 1 TL getrockneter
1 EL frische Oreganoblätter oder 1 TL getrockneter
½ EL frischer Koriander
50 ml Erdnußöl
1 EL Worcestershiresauce
1 EL Gin
2 TL brauner Zucker
225 ml Tamarindensaft (s. Seite 17)
3 Lorbeerblätter

Garnitur
Tomatenscheiben (nach Wunsch)
Paprikastreifen (nach Wunsch)

An vier Stellen das Fleisch mit einem spitzen Messer einschneiden und es mit den Knoblauchhälften spicken. Aus dem zerdrückten Knoblauch, 1 TL Salz, 1 TL abgeriebener Zitronenschale, Thymian, Oregano und Koriander im Mörser eine dicke Paste herstellen und mit einem Löffel in die Öffnung des Rollbratens drücken.

In einer kleinen Schüssel Öl, Worcestershiresauce, Gin, Zucker, restliches Salz und verbliebene Zitronenschale vermischen. Das Fleisch gut mit dieser Mischung einreiben und in eine große Schüssel legen. Die Lorbeerblätter für einige Minuten in den Tamarindensaft legen, dann beides zu dem Fleisch geben. Das Fleisch zugedeckt für 24 Std. in den Kühlschrank stellen, zwischendurch gelegentlich wenden.

Das Fleisch aus dem Kühlschrank nehmen und stehenlassen, bis es Raumtemperatur erreicht hat. Den Backofen auf 150°C vorheizen. Das Fleisch abtropfen lassen und auf einem Rost in einen Bräter legen. Mit Alufolie abdecken und 30 Min. im Backofen garen. Die Temperatur auf 180°C erhöhen, Alufolie abnehmen und das Fleisch unbedeckt weitere 1¼ Std. braten.

Den Holzkohlegrill vorbereiten und das Fleisch in etwa 50 Min. goldbraun grillen, dabei mehrmals wenden. Auf eine Servierplatte heben, mit Alufolie abdecken und 20 Min. ruhen lassen. (Oder Fleisch im Backofen weitergaren – hier braucht es noch einmal etwa 1¼ Std.)

Soll ein Teil des Bratens für andere Mahlzeiten verwendet werden, das Fleisch wie im vorangegangenen Rezept auf Seite 98 beschrieben in Scheiben schneiden und aufbewahren. Den übrigen Braten dünn aufschneiden und mit Tomatenscheiben und Paprikastreifen garnieren. Mit Raumtemperatur servieren.

Schinken mit Ingwer-Rum-Glace
Für 8 bis 10 Personen

Dies ist ein köstliches Sonntagsgericht. Dazu trinkt man gut gekühlten Rosé-Wein, der wunderbar mit dem Schinken harmoniert. Wenn man in Scheiben geschnittenen gekochten Schinken auf die hier beschriebene Weise glaciert, hat man rasch eine köstliche Mahlzeit zubereitet.

½ geräucherter Knochenschinken (3 bis 3,5 kg schwer)
2 EL geriebene Ingwerwurzel
40 g brauner Zucker
3 EL brauner Rum
Korianderstengel zum Garnieren (nach Wunsch)

Den Backofen auf 180°C vorheizen. Falls noch Haut am Schinken ist, diese mit einem scharfen Messer abschneiden, um den Knochen jedoch eine Schicht Fett und einen Ring aus Haut stehenlassen. Das Fett bis auf eine etwa 6 mm dicke Schicht entfernen, die Schicht in einem Rautenmuster einschneiden. Den Schinken auf einem Rost in einen Bräter legen und 55 Min. braten.

Ingwer, Zucker und Rum vermischen und den Schinken damit bestreichen. Den Schinken weitere 30 bis 35 Min. garen, bis die Glace braun wird und Blasen wirft. Den Schinken auf einer Servierplatte anrichten und nach Wunsch mit Koriander garnieren. Vor dem Tranchieren 15 Min. ruhen lassen.

Schweinekoteletts in Ananassaft
Für 4 Personen

100 ml Ananassaft
50 ml trockener Weißwein
1½ EL Olivenöl
¼ TL Salz
⅛ TL frisch gemahlener schwarzer Pfeffer
4 Schweinelendenkoteletts, ohne Knochen
(jeweils 75 g schwer)
50 g Zwiebel, gehackt
½ kleine Chilischote, entkernt und zerdrückt
3 mittelgroße Tomaten, blanchiert, abgezogen,
entkernt und gehackt
2 EL gehackter frischer Koriander
¾ TL Zimt
¼ TL geriebene Muskatnuß

Für die Marinade in einer Schüssel Ananassaft, Wein, die Hälfte des Öls, Salz und schwarzen Pfeffer gut vermischen. Die Schweinekoteletts darin wenden, bis sie von Marinade überzogen sind. Für mindestens 2 Std. oder über Nacht im Kühlschrank ziehen lassen, dabei mehrmals wenden.

Für die Sauce das restliche Öl in einem kleinen Topf erhitzen. Zwiebel und Chilischote hinzufügen und unter häufigem Rühren in etwa 5 Min. weich garen. Die restlichen Zutaten hinzufügen und 3 Min. köcheln lassen. Die Marinade zur Sauce geben. Die Sauce zum Kochen bringen und weitere 10 Min. köcheln lassen. In der Zwischenzeit die Koteletts auf jeder Seite 7 Min. im Küchengrill oder über der Glut eines Holzkohlengrills grillen, bis sie durch, aber noch saftig sind. Die Sauce auf die Koteletts verteilen und servieren.

Mariniertes Schweinefilet mit Mango-Papaya-Chutney

Für 4 bis 6 Personen

100 ml frisch gepreßter Orangensaft
1 EL frisch gepreßter Limettensaft
1½ TL Zucker
½ TL Salz
¼ TL gemahlenes Piment
eine Prise geriebene Muskatnuß
1 TL geriebene Ingwerwurzel
3 Knoblauchzehen, zerdrückt
225 g Schweinefilet
Pflanzenöl
½ TL brauner Zucker

Mango-Papaya-Chutney
1 reife Mango oder 100 g ungesüßte Mango aus der Dose, in mundgerechte Stücke geschnitten
1 reife Papaya oder 2 Nektarinen oder 75 g ungesüßte Papaya aus der Dose, in mundgerechte Stücke geschnitten
1 EL gehackte Frühlingszwiebel
1 EL frisch gepreßter Limettensaft
1 EL gehackter frischer Koriander
1 TL gehackte Chilischote oder Chilisauce

Orangensaft, Limettensaft, Zucker, Salz, Piment, Muskatnuß, Ingwer und Knoblauch in einer Glasschüssel mischen. Die Schweinelende darin wenden. Zugedeckt für 8 Std. zum Marinieren in den Kühlschrank legen, zwischendurch mehrmals wenden.

Den Backofen auf 180 °C vorheizen. Das Fleisch aus der Schüssel nehmen und die Marinade beiseite stellen. Das Filet auf einen mit Öl bepinselten Rost legen und den Rost in einen flachen Bräter setzen. Die Hälfte der beiseite gestellten Marinade angießen und mit Wasser auf 1 cm Füllhöhe auffüllen. Ein Bratenthermometer in die dickste Stelle des Filets stecken. Den braunen Zucker mit der restlichen Marinade verrühren. Das Fleisch 40 Min. garen, dabei regelmäßig mit der gezuckerten Marinade begießen – das Bratenthermometer sollte dann 71 °C anzeigen.

In der Zwischenzeit Mango, Papaya, Frühlingszwiebeln, Limettensaft, Koriander und Chilischote oder Chilisauce vermischen. Das Chutney kalt stellen und zur Schweinelende servieren.

GESCHMORTES LAMM »SINT MAARTEN«
FÜR 4 BIS 6 PERSONEN

Traditionell wird dieses Gericht von den Niederländischen Antillen mit Ziege zubereitet, mit Lamm schmeckt es aber noch köstlicher. Man serviert es mit Reis, Kartoffelpüree oder Nudeln und einem mit Minze gewürzten Gemüse.

2 EL Pflanzenöl
1 kg Lammfleisch ohne Knochen, in 5 cm große Würfel geschnitten
2 mittelgroße Zwiebeln, gehackt
4 Knoblauchzehen, gehackt
50 g Bleichsellerie, gehackt
1 TL feingehackte Ingwerwurzel
*3 EL pürierte **habañero**-Chillies oder Chilisauce*
(s. Seite 96)
1 kleine grüne Paprikaschote, gehackt
2 mittelgroße Tomaten, abgezogen und gehackt
1 EL Limetten- oder Zitronensaft
1 TL gemahlener Kreuzkümmel
1 TL gemahlenes Piment
100 bis 175 ml Bier
1 EL Rotweinessig
1 große Salatgurke, geschält und gehackt
40 g entsteinte grüne Oliven (nach Wunsch)
1 EL Kapern (nach Wunsch)

Das Pflanzenöl bei mittlerer Temperatur in einem großen schweren Topf erhitzen. Das Lammfleisch in dem Öl anbraten, dann herausnehmen und abtropfen lassen. Zwiebeln, Knoblauch, Bleichsellerie, Ingwer, Chilischote oder Chilisauce und grünen Paprika hinzufügen und sautieren, bis die Zwiebeln weich sind. Fleisch, Zwiebelmischung, Tomaten, Limetten- oder Zitronensaft, Kreuzkümmel und Piment in einen Topf geben und mit Bier bedecken. Den Topfinhalt etwa $1^{1}/_{2}$ Std. köcheln lassen, bis das Fleisch so weich ist, daß es fast zerfällt. Falls erforderlich, mehr Bier hinzufügen.

Essig, Gurke und, sofern verwendet, Oliven und Kapern dazugeben und den Topfinhalt noch einmal 15 Min. köcheln lassen, dann servieren.

CHILITOPF
FÜR 6 BIS 8 PERSONEN

Dieses Gericht soll seinen Ursprung in der indianischen Küche haben und wird heute noch auf vielen Inseln gegessen wie etwa Tobago, St. Kitts und Barbados. Wie es scheint, köchelt dieser Eintopf ständig auf den Herden der Karibik, und manche Insulaner behaupten augenzwinkernd, daß ihrer bereits vor vielen Jahrzehnten von der Ur-Ur-Ur-Großmutter aufgesetzt worden sei.

2 EL gehackte Chilischoten oder Chilisauce (s. Seite 96)
1 Huhn (1,25 kg schwer), in Portionsstücke geteilt
1 Ochsenschwanz
500 g mageres Schweine- oder Rindfleisch, in 4 bis 5 cm große Würfel geschnitten
2 EL Pflanzenöl
1 große Zwiebel, in Spalten geschnitten
40 g brauner Zucker
1 TL gemahlenes Piment
1 TL Thymian
2 TL gemahlener Zimt
1 TL gemahlene Nelken
2 EL Malzessig

Das Huhn in einen Suppentopf geben und mit Wasser bedecken. Zum Kochen bringen, dann die Hitze reduzieren und das Huhn 45 Min. köcheln lassen, dabei den Schaum abschöpfen. Das Huhn herausnehmen, die Brühe aufbewahren. Das Fleisch von den Knochen lösen und in kleine Stücke schneiden.

In einer großen Bratpfanne Ochsenschwanz und Schweine- oder Rindfleisch im heißen Öl bräunen. Dann auf Küchenkrepp abtropfen lassen. Die Zwiebelspalten in die Pfanne geben und weich garen.

Das Fleisch, Zwiebeln und Brühe in einen Topf geben. Zucker, Piment, Thymian, Zimt und gemahlene Nelken hinzufügen und 1 Std. köcheln lassen, bis das Fleisch weich und der Eintopf eingedickt ist. Den Essig einrühren und servieren.

LENDENSTEAK MIT ANANAS-CHUTNEY
FÜR 4 BIS 6 PERSONEN

1 bis 1,2 kg Lendensteak, 4 cm dick, ohne Fett
3 EL Pflanzenöl
½ TL Salz
¼ TL frisch gemahlener schwarzer Pfeffer
1 TL Currypulver
¼ TL Knoblauchpulver
¼ TL gemahlener Ingwer
½ TL Piment
eine Prise Muskatnuß
eine Prise Zimt

Ananas-Chutney
500 g kleine Ananasstücke aus der Dose, abgetropft
1 große Frühlingszwiebel, feingehackt (mit ein wenig Grün)
25 g Kokosraspeln
50 g rote Paprikaschote, feingehackt
1 EL Chilisauce (s. Seite 96)
1 EL Ingwerwurzel, gerieben
1 EL frisch gepreßter Limettensaft
1 EL brauner Rum
Salz und weißer Pfeffer

Das Steak auf beiden Seiten mit Pflanzenöl bepinseln. In einer kleinen Schüssel Salz, Pfeffer, Currypulver, Knoblauch, Ingwer, Piment, Muskatnuß und Zimt vermischen. Die Mischung auf ein großes Stück Pergamentpapier geben und das Fleisch darin wenden. Die Würzmischung leicht einklopfen. Das Fleisch beiseite stellen.

Für das Chutney Ananasstücke, Frühlingszwiebel, Kokosraspeln, rote Paprikaschote, Chilisauce, Ingwer, Limettensaft, Rum, Salz und Pfeffer in einer säurebeständigen Schüssel mischen. Abdecken und bis zum Servieren bei Raumtemperatur stehen lassen.

Zum Braten des Steaks eine große schwere Pfanne bei mittlerer Temperatur erhitzen und das restliche Öl hineingeben. Wenn es heiß ist, das Steak darin von jeder Seite etwa 4 Min. braten.

Bei Verwendung eines Holzkohlegrills, den Grillrost mit Pflanzenöl einpinseln. Das Steak über der Glut von jeder Seite etwa 8 Min. grillen. Es sollte im Kern noch rosa sein.

Lendensteak mit Ananas-Chutney.

BEILAGEN

INHALT

Reis mit Augenbohnen und Schinken
Süsse Bataten
Batatenauflauf
Buntes Gemüse mit Curry
Reis-Gemüse-Allerlei
Kartoffeln nach kreolischer Art
Reis mit Kidneybohnen und Kokosnussmilch
Maniok-Schnittlauch-Bratlinge
Kartoffelpüree mit Knoblauch
Fritierte grüne Gemüsebananen
mit warmer Currysauce
Tannia-Knoblauch-Bratlinge
Fritiertes Knollengemüse mit
Curry-Mayonnaise-Dip
Schwarze Bohnen
Straucherbsen mit Reis

REIS MIT AUGENBOHNEN UND SCHINKEN
FÜR 4 PERSONEN

Dieses Gericht ist zweifellos afrikanischen Ursprungs. Wie es seinen Namen erhielt, ist nicht bekannt, doch jede Köchin und jeder Koch hat ein eigenes Rezept für diese Mischung aus Reis und Augenbohnen parat. Angeblich bringt es Glück, wenn man dieses Gericht am Neujahrstag ißt, vermutlich, weil es so sehr sättigt, daß man wunschlos glücklich ist. Nach traditioneller Art wird es mit Eisbein oder Schweinebacke zubereitet. Diese Version ist etwas weniger fett. Wer lieber vegetarisch ißt, läßt einfach das Fleisch weg.

700 ml Wasser
2 Würfel Hühnerbrühe
1 mittelgroße reife Tomate, gehackt
10 Frühlingszwiebeln, gehackt
1 Lorbeerblatt
1 TL getrockneter Thymian
1 TL Chilisauce (s. Seite 96)
275 g weißer Langkornreis
450 g Augenbohnen aus der Dose, abgetropft und abgespült
175 g gekochter Schinken, nach Entfernen des Fettes in mundgerechte Stücke geschnitten
Salz und frisch gemahlener schwarzer Pfeffer

Wasser, Brühwürfel, Tomate, Frühlingszwiebeln, Lorbeerblatt, Thymian und Chilisauce in einem großen Topf zum Kochen bringen. Den Reis hinzufügen und zugedeckt in etwa 25 Min. gar kochen lassen. Augenbohnen und Schinken unterheben und den Topfinhalt zugedeckt noch einmal 8 bis 10 Min. köcheln lassen.

BEILAGEN

SÜSSE BATATEN
FÜR 4 PERSONEN

Mit diesem einfachen Gericht hat man im Handumdrehen die Tropen auf den Tisch gezaubert. Es schmeckt herrlich zu Schinken und Schweinekoteletts und hat eine so leuchtende Farbe, daß es keiner Garnierung bedarf.

4 große Bataten, gekocht und in Scheiben geschnitten
2 Dosen kleine Ananasstücke (je 225 g), abgetropft
½ TL gemahlene Muskatnuß
2 TL geriebene Ingwerwurzel
2 TL gemahlener Zimt
2 EL brauner Rum

Den Backofen auf 180°C vorheizen. Die Batatenscheiben schichtweise in eine ofenfeste Form legen, dann Ananas, Muskatnuß, Ingwer, Zimt und Rum vermischen und über die Bataten geben. 5 Min. im Ofen backen, dann servieren.

BEILAGEN

BATATENAUFLAUF
FÜR 4 PERSONEN

Dieses aromareiche Gericht aus Haiti wird aus *boniato*, einer weißfleischigen Batate zubereitet, die nach Veilchen duftet. Ist sie nicht erhältlich, verwendet man statt dessen Kartoffeln und fügt dem Gericht 1 TL Piment hinzu.

275 g **boniato**, *geraffelt*
350 ml Kondensmilch
225 ml Kokosnußmilch (s. Seite 14)
3 sehr reife Bananen, zerdrückt
175 g brauner Zucker
1 Ei
$^1/_2$ TL gemahlener Zimt
$^1/_2$ TL Muskatnuß, gemahlen
1 TL Vanille-Extrakt
$^1/_2$ TL brauner Rum
25 g Butter, zerlassen
abgeriebene Schale von $^1/_2$ Limette

Den Backofen auf 200°C vorheizen. Die geraffelte Batate mit Kondensmilch, Kokosnußmilch, Bananen, Zucker, Ei, Gewürzen, Rum, Butter und abgeriebener Limettenschale vermischen. In eine gebutterte ofenfeste Form geben und etwa 1 Std. im Backofen garen. Warm oder kalt servieren.

BUNTES GEMÜSE MIT CURRY
FÜR 4 PERSONEN

25 g Butter
3 EL gehackte Frühlingszwiebel
1 TL Knoblauch, zerdrückt
2 TL Currypulver
4 frische Maiskolben, die Körner abgelöst
1 rote Paprikaschote, in 4 cm lange Streifen geschnitten
2 grüne Paprikaschoten, in 4 cm lange Streifen geschnitten
4 kleine reife Eiertomaten, in Würfel geschnitten
50 g Salatgurke, fein gewürfelt
½ Tasse Yamsbohne, fein gewürfelt (nach Wunsch)
Salz zum Abschmecken
2 EL gehackter frischer Koriander
2 EL Kokosnußmilch (s. Seite 14), nach Wunsch
Chilisauce (s. Seite 96) zum Abschmecken

Die Butter in einer Bratpfanne erhitzen. Frühlingszwiebeln, Knoblauch und Currypulver hinzufügen und unter Rühren garen, bis die Zwiebel weich ist. Mais, Paprikaschoten, Tomaten, Gurke, Yamsbohne (sofern verwendet) und Salz hinzufügen. Die Zutaten gut verrühren und bei mittlerer Hitze etwa 2 Min. garen. Koriander, Kokosnußmilch (falls verwendet) und Chilisauce hinzufügen und gut untermischen, dann servieren.

REIS-GEMÜSE-ALLERLEI
FÜR 4 PERSONEN

Für dieses Gericht wird eine bunte Zutatenmischung mit einer zauberhaften Vielfalt von Aromen und Strukturen verwendet. Anstelle von Huhn kann man auch mageres Schweine- oder Rindfleisch verwenden.

200 g weißer Langkornreis
1 TL Salz
50 g junger Mais
50 g ganze kleine Champignons oder beliebige andere Pilze, grob gehackt
25 g Wasserkastanien, grob gehackt
1 Möhre, grob gehackt
1 EL grob gehackter frischer Koriander oder Petersilie
1 mittelgroße Zwiebel, grob gehackt
½ mittelgroße rote Paprikaschote, grob gehackt
½ mittelgroße grüne Paprikaschote, grob gehackt
50 g Butter oder Margarine
1½ TL Sojasauce
1 Hühnerbrustfilet (etwa 100 g schwer), gegart und in kleine Stücke geschnitten
75 g Tiefkühl-Erbsen

Den Backofen auf 170°C vorheizen. Den Reis in gesalzenem Wasser weichgaren, er sollte aber noch Biß haben. Reis im Topf beiseite stellen. Mais, Pilze, Wasserkastanien, Möhren, Koriander oder Petersilie, Zwiebel und Paprikaschoten in der Butter oder Margarine sautieren, bis sie weich sind. Beiseite stellen.

Sojasauce und Hühnerfleisch unter den warmen Reis mischen. Die Gemüse unterheben und den Topfinhalt in eine 1 l fassende, ofenfeste Form füllen, dann 15 bis 20 Min. im Backofen garen. Kurz bevor die Form aus dem Ofen genommen wird, die Erbsen garen. Abtropfen lassen und untermischen, dann servieren.

KARTOFFELN NACH KREOLISCHER ART
FÜR 4 PERSONEN

8 kleine neue Kartoffeln (etwa 450 g), falls gewünscht geschält, dann geviertelt
¾ TL trockene jerk-Würzmischung (s. Seite 92)
25 g Butter oder Margarine, zerlassen
2 EL gehackter Koriander
Korianderstengel zum Garnieren (nach Wunsch)

Die Kartoffeln in einem Dämpfeinsatz über kochendem Wasser in 12 bis 15 Min. weich dämpfen. Die Kartoffeln in eine Schüssel geben und mit *jerk*-Würzmischung bestreuen. Butter und Koriander hinzufügen und vorsichtig unter die Kartoffeln mischen, um sie zu überziehen. Falls gewünscht, mit Korianderstengeln garnieren.

REIS MIT KIDNEYBOHNEN UND KOKOSNUSSMILCH
FÜR 4 PERSONEN

In der traditionellen Küche der Karibik wird Kokosnußmilch oft mit Augenbohnen kombiniert. Hier folgt nun eine Abwandlung der Methode, für die Kidneybohnen verwendet werden. Die Jamaicaner bereiten eine Variante dieses farbenfrohen Gerichtes zu, das den Namen *Jamaican coat of arms* trägt. Dieses Rezept nimmt zudem Anleihen bei der haitianischen Küche, weil es aromatische Pilze enthält.

450 ml Wasser
40 g getrocknete haitianische schwarze Pilze, Steinpilze oder Pfifferlinge, in Stücke gebrochen und 30 Min. in heißem Wasser eingeweicht (nach Wunsch)
450 ml Kokosnußmilch (s. Seite 14)
1 Dose Kidneybohnen (225 g), abgespült
1 TL Malzessig
1 TL getrockneter Thymian
3 ganze Pfefferkörner, gemahlen
2 ganze Pimentbeeren, gemahlen
200 g weißer Langkornreis
1 kleine Zwiebel, grob gehackt
1 Knoblauchzehe, zerdrückt
Pflanzenöl zum Braten
50 g gebratener Frühstücksspeck, abgetropft und in kleine Croutons geschnitten
1 TL Salz zum Garen des Reises
Salz und frisch gemahlener schwarzer Pfeffer

In einem säurebeständigen Topf mittlerer Größe Wasser, Pilze und Kokosnußmilch zum Kochen bringen. Gegebenenfalls Schaum abschöpfen. Bohnen, Essig, Thymian, Pfefferkörner und Piment hinzufügen. Die Hitze reduzieren und die Zutaten 10 Min. bei geschlossenem Topf köcheln lassen. Den Reis mit einer Gabel einrühren. Den Reis zugedeckt etwa 20 Min. bei schwacher Hitze weich garen.

In der Zwischenzeit Zwiebel und Knoblauch in einer kleinen Menge Öl braten, bis sie weich sind, dann zusammen mit dem Speck zu der Reis-Bohnen-Mischung geben. Die Zutaten zum Köcheln bringen und zugedeckt 10 Min. garen. Die Mischung mit einer Gabel lockern, mit Salz und Pfeffer abschmecken und servieren.

MANIOK-SCHNITTLAUCH-BRATLINGE
FÜR 4 PERSONEN

Der milde, zwiebelartige Geschmack des Schnittlauchs ergänzt hervorragend den sonst etwas faden Maniok. Diese Bratlinge sind eine schmackhafte Beilage für jedes Hauptgericht. Man kann sie mit einem Löffel Limetten-Meerrettich-Sauce (s. Seite 96) oder einer kleinen Schale Papaya-Chili-Sauce (s. Seite 96) servieren.

450 g frischer Maniok, geschält
2 EL gehackter frischer Schnittlauch
1 Ei, verquirlt
Salz und frisch gemahlener schwarzer Pfeffer
50 g Semmelbrösel
75 g Butter

Den Maniok 35 bis 45 Min. kochen, bis er sich mit einer Gabel leicht einstechen läßt. Gut abtropfen lassen. Wenn er abgekühlt ist, alle fasrigen Teile entfernen und wegwerfen. Den Rest in 2,5 cm dicke Stücke schneiden und mit dem Schneidstab des Handrührgerätes pürieren. Dann durch ein Sieb in eine Schüssel streichen. Erst den Schnittlauch dann das Ei und schließlich Salz und Pfeffer einrühren. Aus der Masse etwa 7,5 cm große und 1 cm dicke Bratlinge formen. Die Semmelbrösel in eine kleine Schüssel geben. Die Bratlinge damit panieren.

Die Butter in einer schweren Pfanne bei mittlerer Temperatur erhitzen. Die Bratlinge darin von jeder Seite in etwa 10 Min. braun braten. Mit einem Schaumlöffel aus der Pfanne nehmen und auf Küchenkrepp abtropfen lassen. Sofort servieren.

KARTOFFELPÜREE MIT KNOBLAUCH
FÜR 4 PERSONEN

2 bis 3 große mehlige Kartoffeln (etwa 450 g), gewaschen
4 Knoblauchzehen, nicht abgezogen
Salz und frisch gemahlener schwarzer Pfeffer
100 ml Milch
15 g Butter
¼ TL frisch geriebene Muskatnuß
1 kleines Ei, verquirlt
15 g Cheddarkäse, gerieben

Kartoffeln und Knoblauchzehen in einen großen Topf geben und mit kaltem Salzwasser bedecken. Bei starker Hitze aufkochen lassen, dann auf mittlere Hitze reduzieren. Die Kartoffeln in etwa 30 Minuten im geschlossenen Topf weich garen. Kartoffeln und Knoblauch abgießen. Die Kartoffeln schälen, den Knoblauch abziehen. Beides wieder in den Topf geben und zerstampfen.

Den Grill vorheizen. Die Milch in einem Topf erhitzen. Butter und Muskatnuß hinzufügen und rühren, bis die Butter schmilzt. Die Milch nach und nach mit einem Holzlöffel unter die pürierten Kartoffeln rühren. Das Ei hinzufügen und gut untermischen. Mit Salz und Pfeffer abschmecken.

Die Mischung in eine Gratinform oder eine andere ofenfeste Form füllen. Mit einem Spatel glattstreichen und mit dem Käse bestreuen. Unter dem Grill leicht bräunen.

Fritierte grüne Gemüsebananen mit warmer Currysauce
Für 4 Personen

Für eine Party kann man den Bananenscheiben noch mehr Pfiff geben, indem man sie mit Sauerrahm und Kaviar, warmer Currysauce (unten) oder Orangen-Curry-Sauce (s. Seite 65) serviert.

450 ml Pflanzenöl
2 grüne Gemüsebananen (450 g), geschält und in 1 cm dicke Scheiben geschnitten
Salz und weißer Pfeffer

Warme Currysauce
225 ml Wasser
25 g Magermilchpulver
1½ EL Mehl
¼ TL Salz
eine Prise weißer Pfeffer
2 TL geklärte Butter
½ TL Currypulver

Zuerst die Currysauce zubereiten: Wasser, Milchpulver und Mehl in einem schweren Topf verrühren. Bei mittlerer Hitze unter ständigem Rühren garen, bis die Mischung eindickt. Die restlichen Zutaten einrühren.

In einem Topf mittlerer Größe das Öl erhitzen (auf etwa 190°C). Nacheinander jeweils vier Bananenscheiben in dem heißen Öl 2 bis 3 Min. fritieren, bis sie gut gebräunt sind. Auf Küchenkrepp abtropfen lassen.

Die Bananenscheiben mit dem Nudelholz oder zwei Holzbrettchen flachdrücken. Dann noch einmal portionsweise (je 6 bis 8 Stück) etwa 2 Min. fritieren, bis sie rundum goldbraun sind. Auf Küchenkrepp abtropfen lassen, salzen und pfeffern und heiß oder lauwarm mit der Sauce servieren.

Tannia-Knoblauch-Bratlinge
Für 4 Personen

Wer einmal weder Appetit auf Kartoffeln noch auf Reis hat, kann dieses nussig schmeckende tropische Knollengemüse zubereiten. Sollte Tannia nicht erhältlich sein, kann man statt dessen Zucchini verwenden. Besonders gut schmecken die Bratlinge zu Roastbeef, Steaks, Schweinebraten und gut gewürztem Fisch.

700 g Tannia, geraffelt
1 EL gehackter Knoblauch
1 EL gehackte Frühlingszwiebel
Salz und frisch gemahlener schwarzer Pfeffer
1 Ei, verquirlt
20 g Mehl
50 ml Pflanzenöl

Tannia, Knoblauch, Frühlingszwiebel, Salz und Pfeffer vermischen. Das verquirlte Ei hinzufügen und unterrühren. Das Mehl unterheben.

Das Öl in einer tiefen, schweren, großen Pfanne erhitzen. Für jeden Bratling einen gehäuften Eßlöffel Mischung in die Pfanne geben und mit dem Löffelrücken etwas flachdrücken. Bei mittlerer Hitze von jeder Seite in etwa 2 bis 3 Min. goldbraun braten. Auf Küchenkrepp abtropfen lassen. Bevor die nächsten Bratlinge gebraten werden, die Mischung umrühren.

FRITIERTES KNOLLENGEMÜSE MIT CURRY-MAYONNAISE-DIP
FÜR 4 BIS 6 PERSONEN

1 Eiweiß
1 EL trockene jerk-Würzmischung (s. Seite 92)
500 g Maniok, Boniato oder Tannia, in sehr dünne, 1 cm große Stücke geschnitten
Pflanzenöl
Salz

Curry-Mayonnaise-Dip
150 ml Mayonnaise
75 ml Joghurt
1 EL Currypulver
1 TL gemahlener Ingwer
½ TL gemahlene Kurkuma
½ TL Paprika edelsüß
½ TL Chilipulver
¼ TL Salz

In einer Schüssel Mayonnaise und Joghurt verrühren. Die Gewürze und ¼ TL Salz untermischen und den Dip abgedeckt für mindestens 1 Std. in den Kühlschrank stellen.

Den Backofen auf 200°C vorheizen. In einer großen Schüssel das Eiweiß mit der Gabel verquirlen, bis es weiß wird. Die *jerk*-Würzmischung unterheben. Das in Scheiben geschnittene Knollengemüse dazugeben und in der Würzmischung wenden.

Die Scheiben auf ein beschichtetes Backblech legen, mit Öl beträufeln. Dann in einer Lage mit der geölten Seite nach unten verteilen, leicht salzen und 30 bis 40 Min. im Ofen garen. Mit dem Curry-Dip servieren.

SCHWARZE BOHNEN
FÜR 6 BIS 8 PERSONEN

Sollte etwas von diesen Bohnen übrigbleiben, kann man einen Teil pürieren und etwas Chilisauce und trockene *jerk*-Würzmischung nach Geschmack dazugeben, um einen Bohnendip herzustellen. Mit einigen in Scheiben geschnittenen schwarzen Oliven, Rosinen und Mandelblättchen erhält er eine nussig-süße Note.

450 g getrocknete schwarze Bohnen, abgespült und verlesen
2 l kaltes Wasser
2 kleine Eisbeine (etwa 550 g)
100 ml und 2 TL Olivenöl
2 große Zwiebeln, feingehackt
4 Knoblauchzehen, feingehackt
1 große grüne Paprikaschote, feingehackt
½ TL gemahlener Kreuzkümmel
½ TL Oregano
2 Lorbeerblätter
Salz
2 TL Chilisauce (s. Seite 96)
1 EL Rotweinessig
1 TL Zucker
gehackte Zwiebel zum Garnieren (nach Wunsch)

Die Bohnen falls erforderlich einweichen. Abtropfen lassen und mit Wasser und Eisbein in einen großen Topf geben. Zum Kochen bringen und im offenen Topf langsam garen, zwischendurch den Schaum abschöpfen. Nach etwa 1½ Std. sollten die Bohnen weich sein.

In der Zwischenzeit das Öl in einer Pfanne erhitzen und Zwiebeln, Knoblauch und grüne Paprika hinzufügen. Unter Rühren garen, bis die Zwiebeln glasig und die Paprika weich sind. Kreuzkümmel und Oregano zufügen und gut umrühren.

Wenn die Bohnen etwa 1 Std. gegart haben, die Zwiebelmischung zusammen mit Lorbeerblättern und Chilisauce in den Topf geben. Sobald die Bohnen weich sind, Lorbeerblätter und Eisbein herausnehmen. Chilisauce, Salz, Essig, Zucker und 2 TL Olivenöl hinzufügen.

Die Bohnen auf einem Reisbett servieren. Die gehackte Zwiebel getrennt reichen, so daß sie nach Wunsch über die Bohnen gestreut werden kann. Ein Fläschchen mit Olivenöl und eines mit Chili-Essig auf den Tisch stellen.

Straucherbsen mit Reis
Für 4 Personen

Dieses Gericht wird auf vielen karibischen Inseln gegessen. Auf den Bahamas heißt es *Bahamian pigeon peas and rice*. In Puerto Rico nennt man es *arroz con gandules*. Wenn Straucherbsen nicht erhältlich sind, kann man rote Bohnen verwenden, am besten kleine rote Kidneybohnen. Dieses Gericht schmeckt großartig zu Huhn und jedem anderen Fleisch und kann mit Fleischresten zu einem Eintopf verarbeitet werden.

2 EL Öl
1 kleine Zwiebel, gehackt
2 Knoblauchzehen, zerdrückt
4 EL Tomatenmark
2 reife Tomaten, gehackt
1 grüne Paprikaschote, gehackt
½ TL Thymian
4 EL gehackter frischer Koriander
450 g Straucherbsen aus der Dose, abgetropft
200 g weißer Langkornreis
450 ml Wasser
2 EL frisch gepreßter Limettensaft
Chilisauce (s. Seite 96) zum Abschmecken
Salz und frisch gemahlener Pfeffer zum Abschmecken

Das Öl in einem Topf erhitzen und die Zwiebel darin 5 Min. leicht andünsten, dann Knoblauch, Tomatenmark, gehackte Tomaten, grüne Paprika und Thymian hinzufügen. Die Zutaten 1 Min. garen. Koriander, Straucherbsen und Reis dazugeben und 1 Min. sautieren. Wasser und Limettensaft angießen und den Topfinhalt 15 Min. bei geschlossenem Topf garen, bis der Reis gar ist. Mit Chilisauce, Salz und Pfeffer nach Geschmack würzen und servieren.

BROT UND DESSERTS

INHALT

BROTPUDDING MIT RUMSAUCE
»BAKES«
KOKOSBROT
ARME RITTER
GEBRATENE BANANEN IN GUAVENSAUCE
JAMAICANISCHE KAFFEECREME
MANGO-FLAN

BROTPUDDING MIT RUMSAUCE

Brotpudding
225 ml Milch
100 ml Sahne
Sahne zum Servieren
50 g Zucker
2 kleine Eigelb
1 großes Ei
½ EL Vanille-Extrakt
½ TL frisch geriebene Muskatnuß
eine Prise Salz
8 Scheiben frisches Bananenbrot, 1 cm dick
oder Kokosbrot (s. Seite 123)
1½ große Bananen, in 8 mm dicke Scheiben geschnitten

Rumsauce
50 g Butter
40 g dunkelbrauner Zucker
2 EL frisch gepreßter Zitronensaft
100 ml Rum
50 ml Wasser

Eine 3 l fassende, flache, ofenfeste Form gut buttern. Milch, Sahne und Zucker in einer großen Schüssel verrühren. Eigelb und das ganze Ei einzeln dazugeben und gut untermischen. Vanille-Extrakt, Muskatnuß und Salz unterschlagen. Die Mischung beiseite stellen.

Sieben Brotscheiben in 2,5 cm breite Streifen schneiden und in die Form legen. Gegebenenfalls zurechtschneiden, so daß Boden und Wände bedeckt sind. Die Bananenscheiben darauf verteilen und mit der Eiermilch überziehen. Eine weitere Schicht Brot und Bananenscheiben in die Form legen.

Das restliche Brot in Würfel schneiden und über die Bananen streuen. Die verbliebene Eiermilch darübergießen, die Brotwürfel leicht andrücken und die Form abdecken. Für 30 Min. beiseite stellen.

In der Zwischenzeit den Backofen auf 180°C vorheizen. Den Pudding zugedeckt etwa 45 Min. backen, bis er beinahe fest ist. Noch einmal etwa 15 Min. offen garen. Wenn die Brotwürfel goldbraun sind, den Pudding herausnehmen und zum Abkühlen auf ein Gitter setzen.

In der Zwischenzeit die Sauce zubereiten. Die Butter bei mittlerer Temperatur in einem kleinen Topf zerlassen. Zucker, Zitronensaft, Rum und Wasser einrühren und die Mischung zum Kochen bringen. Etwa 5 Min. garen, bis sie eindickt und der Zucker sich aufgelöst hat, dabei gelegentlich umrühren. Die Sauce vom Herd nehmen und in eine Sauciere gießen. Mit dem leicht abgekühlten Brotpudding und nach Wunsch mit weiterer Sahne servieren.

»Bakes«

Dies sind eine Art kreolische Brötchen, die in heißem Öl ausgebacken werden, und Abwandlungen dieses Rezeptes findet man auf vielen karibischen Inseln.

225 g Mehl
25 g Butter
½ TL Salz
2 TL Backpulver
2 TL Zucker
150 ml Milch

Mehl, Salz, Backpulver und Zucker in eine Schüssel sieben, dann mit einem Messer die Butter einarbeiten, bis die Mischung gleichmäßig krümelig wird. Die Milch dazugießen und rühren, bis ein weicher Teig entstanden ist. Auf der bemehlten Arbeitsfläche etwa 5 Min. kneten, dann für 30 Min. in den Kühlschrank stellen. Den Teig in zitronengroße Stücke teilen, zu Kugeln formen und auf 1 cm Dicke flachdrücken, dann in heißem Öl goldbraun fritieren.

KOKOSBROT
Ergibt 4 Laibe

Dieses Brot schmeckt mit Marmelade oder Gelee bestrichen herrlich zum Frühstück. Wenn man einen Teil des Brotes in dicke Scheiben schneidet und einfriert, hat man jederzeit Brot zur Verfügung, das getoastet werden kann. Es hält sich zwei bis drei Monate.

450 g weiche Butter
500 g Zucker
8 Eier
8 TL Kokos-Extrakt
1 l Sauerrahm
450 g Kokosraspeln
1 kg Mehl
4 TL Natron
4 TL Backpulver

Den Backofen auf 180°C vorheizen. Butter und Zucker schaumig rühren. Erst Eier und Kokos-Extrakt, dann den Sauerrahm unterrühren. Die Kokosraspeln hinzufügen. Mehl, Natron und Backpulver vermischen und in den Teig einrühren. Den Teig auf vier leicht gefettete Brotformen verteilen und etwa 45 Min. backen, bis an einem in die Mitte gesteckten Holzstäbchen kein Teig mehr haftet, wenn man es wieder herauszieht. Das Brot abkühlen lassen, dann aus der Form nehmen.

ARME RITTER
Für 4 Personen

Hier eine Idee für ein Ferienfrühstück – obwohl dieses Gericht auch als Dessert geeignet wäre. Dazu kann Rumsauce (s. Seite 120) gereicht werden. Mit heißer Schokolade und jamaicanischem Blue-Mountain-Kaffee servieren.

6 Eier
1 TL Zimt
½ TL gemahlenes Piment
½ TL gemahlene Muskatnuß
2 EL brauner Rum
100 g Ananasstücke, abgetropft
4 bis 6 Scheiben Kokosbrot
100 g Butter

Eier, Zimt, Piment, Muskatnuß und Rum verrühren. Die Ananas unterheben. Das Brot in einen großen Suppenteller oder eine Schüssel legen und die Eimischung darübergießen. Das Brot wenden, bis es vollkommen mit der Eimischung durchtränkt ist. In der Butter goldbraun braten und sofort servieren.

GEBRATENE BANANEN IN GUAVENSAUCE
FÜR 6 PERSONEN

Gebratene Bananen sind in der Karibik sehr beliebt, doch dieses Rezept enthält nicht den sonst allgegenwärtigen Karamel, mit dem diese Süßspeise gewöhnlich zubereitet wird. Um die Sauce zu variieren, kann man verschiedene Marmeladen und Fruchtliköre hinzufügen.

6 mittelgroße Bananen, geschält und längs halbiert
15 g dunkelbrauner Zucker
25 g Butter, in kleine Stücke geschnitten
75 g Guavengelee oder anderes Gelee oder Marmelade
1 EL frisch gepreßter Limettensaft
1 EL trockener Sherry

Den Backofen auf 180°C vorheizen. Die Bananenhälften mit der Schnittseite nach unten in eine große, ofenfeste Glasform legen. Den Zucker darüberstreuen und die Butterflöckchen daraufsetzen. 15 Min. im Ofen garen.

In der Zwischenzeit in einem kleinen, säurebeständigen Topf Gelee oder Marmelade mit Limettensaft und Sherry bei schwacher Hitze unter mehrmaligem Rühren verflüssigen. Die Bananen mit dieser Mischung begießen und noch einmal für 5 Min. in den Ofen stellen. Auf jeden Teller zwei Bananenhälften legen und etwas Sauce darüberschöpfen. Sofort servieren.

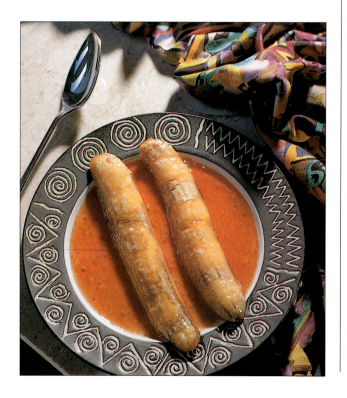

JAMAICANISCHE KAFFEECREME
FÜR 6 PERSONEN

175 g Zucker
50 ml Wasser
275 ml Vollmilch
225 ml Schlagsahne
2 EL Instant-Kaffeepulver
3 Eier
3 Eigelb
175 g Zucker
3 EL Kaffeelikör

Den Ofen auf 170°C vorheizen. Sechs Puddingförmchen mit 100 ml Fassungsvermögen in eine große, ofenfeste Form setzen und für etwa 10 Min. in den Ofen stellen, bis sie heiß sind.

In der Zwischenzeit Zucker und Wasser in einem kleinen, schweren Topf zum Kochen bringen und rühren, bis der Zucker schmilzt. Mit einem nassen Backpinsel alle Zuckerkristalle von den Topfwänden streichen. Den Zucker, ohne zu rühren, etwa 10 Min. kochen, bis er goldbraun ist. Den Karamel sofort auf die Förmchen verteilen und diese hin und her drehen, um sie innen gleichmäßig mit dem Karamel zu überziehen. Die Förmchen vollkommen abkühlen lassen.

Milch und Sahne in einem schweren Topf zum Kochen bringen. Vom Herd nehmen und das lösliche Kaffeepulver einrühren. Eier und Eigelb in einer großen Schüssel verquirlen. 50 g Zucker und den Kaffeelikör mit dem Schneebesen unterrühren. Nach und nach die heiße Milchmischung unterschlagen. Die Eiermilch durch ein Sieb gießen und auf die vorbereiteten Förmchen verteilen.

Die Puddingförmchen wieder in die ofenfeste Form setzen und so viel heißes Wasser in die Form füllen, daß die Förmchen zur Hälfte im Wasser stehen. Für 50 bis 60 Min. in den Backofen setzen, bis die Creme an den Rändern fest und ein in die Mitte gestecktes Holzstäbchen sauber ist, wenn man es wieder herauszieht.

Die Förmchen aus dem Backofen nehmen und auf Raumtemperatur abkühlen lassen. Dann die Creme in den Kühlschrank stellen. Vor dem Servieren die Creme mit einem Messer vom Rand lösen und auf Teller stürzen.

Mango-Flan
Für 6 Personen

Dieses Rezept vereinigt in sich zwei Leidenschaften der Cubaner: Flan und Mango.

Karamel
175 g Zucker
1 EL Wasser

Flan
4 kleine Eier
2 Eigelb
100 ml gesüßte Kondensmilch
100 ml Milch
50 g sowie 2 TL Zucker
225 g frisches Mango-Fruchtfleisch oder Nektarinen oder Pfirsiche, püriert und durch ein Sieb gestrichen

Zucker und Wasser in einen kleinen Topf geben und bei mittlerer Temperatur unter häufigem Rühren kochen, bis der Zucker karamelisiert. Den Karamel auf sechs Puddingförmchen verteilen. Die Förmchen behutsam drehen, um auch die Seiten mit Karamel zu überziehen. Zum Abkühlen beiseite stellen.

Den Backofen auf 130°C vorheizen. Eier, Eigelb, Kondensmilch, Milch und Zucker zu dem Fruchtfleisch geben und die Zutaten gut vermischen. Die Mischung in die Förmchen füllen. Die Förmchen in einen großen Bräter setzen und heißes Wasser dazugießen, so daß sie zur Hälfte im Wasser stehen. 40 Min. im Backofen backen bis ein in die Mitte gestecktes Holzstäbchen sauber bleibt, wenn man es wieder herauszieht. Kalt stellen, dann stürzen und servieren.

REGISTER

A
Ananas
    Ananas-Chutney 104
    Ananas-Mango-Bisque 57
Gegrillte Putenschnitzel mit pikanter Marmelade 74
Arme Ritter 122
Augenbohnen 16
    Augenbohnen-Nudel-Salat mit würzigem Dressing 44
    Reis mit Augenbohnen und Schinken 108
Avocado-Kresse-Dip 34
Avocadosauce 87

B
»Bakes« 121
Banane
    Bananen-Colada 24
    Brotpudding mit Rumsauce 120
    Erdbeer-Bananen-Daiquiri 22
    Gebratene Bananen in Guavensauce 124
    Gebratenes und flambiertes Huhn 78
    Passionsfrucht-Bananen-Daiquiri 21
    Schoko-Kokos-Bananen-Shake 27
Batatenauflauf 110
Bataten, süße 109
Batidos 27
Bitterorange 15
Bohnen 16
Bohnen, rote (Kidneybohnen)
    Reis mit Kidneybohnen und Kokosnußmilch 112
Bohnen, schwarze 116
    Pikanter Salat von schwarzen Bohnen und Haspel 46
    Salat von schwarzen Bohnen und Reis 50
Boniato 8, 14
    Fritierte Knollengemüse mit Curry-Mayonnaise-Dip 116
Bratlinge
    Maniok-Schnittlauch-Bratlinge 113
    Tannia-Knoblauch-Bratlinge 115
Brotfrucht 9–10
    Karibische Brotfrucht-Vichyssoise 56
Brotpudding mit Rumsauce 120
Brunnenkresse-Salat mit pikantem Chili-Dressing 46
Buntes Gemüse mit Curry 111
Burger 90

C
Calalou, 54
Calypso rice 111
Chayote 14
Chili-Dressing 46
Chilisaucen 12–13
Chilischoten 10, 12
Chilitopf 104
Choco-Coco-Nana milkshake 27
Chorizo 17
Cocktails 20–24
Coladas 24
Conch 17
    Conch Chowder von den Bahamas 55
    Fritierte Conchklößchen mit zwei kalten Dips 34

Curry-Koteletts mit Pilawreis 88
Curry-Mayonnaise-Dip 116
Currysalat von Wildreis und Huhn 41

D
Daiquiris 20
    Erdbeer-Eis-Daiquiri 20
    Erdbeer-Bananen-Daiquiri 21
    Klassischer Daiquiri 20
    Passionsfrucht-Bananen-Daiquiri 22
    Pfirsich-Daiquiri 21
Dressings
    Dill-Ingwer-Sauce 69
    Ingwer-Dressing 46
    Orangen-Minze-Dressing 51
    Papayasamen-Dressing 48
    Pikantes Chili-Dressing 47
    Rum-Dressing 43
    würziges Dressing 44

E
East-West Indies (Würzmischung) 92
Easy bajan (Würzmischung) 92
Erdbeer-Bananen-Daiquiri 21
Erdbeer-Colada 24
Erdbeer-Eis-Daiquiri 20
Extrascharfe Chilisauce 96

F
Fisch
    Fischfilets, gebratene 90
    Gedämpfter Schnapper mit Orangen-Curry-Sauce 65
    Im Backofen gebratener Sägebauch mit Curry 71
    Klippfischklößchen 34
    Roter Schnapper nach karibischer Art
    Würzige Kabeljaufilets 64
Fleischtaschen, pikante 31
Four peppers plus (Würzmischung) 92
Fritierte grüne Gemüsebananen mit warmer Currysauce 115

G
Garnelen
    Garnelen mit Dill im Räucherfischmantel 30
    Garnelen mit Tamarindensaft zubereitet 66
    Garnelen nach kreolischer Art 70
    Garnelen-Pitta-Canapés 33
    Gebratene Garnelen im Speckmantel mit zwei Saucen 71
    Karibischer Obstsalat 49
    Knusprige Garnelencanapés mit Ingwermayonnaise 36
    Kokosnuß-Garnelen-Suppe 60
    Pitta-Brot mit Garnelen und Mango-Papaya-Chutney 64
    Tropischer Salat mit Garnelen und Hummer 41
Gebratene Schweinekeule nach Art Puerto Ricos 98
Gebratenes Huhn nach kubanischer Art 78
Gedämpfter Schnapper in Orangen-Curry-Sauce 65
Geeiste Passionsfruchtsuppe mit Joghurt und Vanille 56
Gegrillte Garnelen im Speckmantel mit zweierlei Saucen 71
Gegrillte Putenschnitzel mit pikanter Marmelade 74
Gegrillter Hummer nach Art der Bahamas 66

Gemüsebanane 15
    Fritierte grüne Gemüsebananen mit Currysauce 115
Gebratenes und flambiertes Huhn 78
Geschmortes Lamm »Sint Maarten« 103
Ghee 17
Greatfruit Grapefruit (Cocktail) 23
Guave 14

H

Habañeros (Chilischoten) 10, 12
Havana Yacht Club Cocktail 23
Huhn
    Chilitopf 104
    Currysalat von Wildreis und Huhn 41
    Gebratenes Huhn nach kubanischer Art 78
    Gebratenes und flambiertes Huhn 78
    Geschmortes Huhn nach Art Trinidads 77
    Huhn mit Melasse 83
    Hühnerfleischwürfel süßsauer 79
    Karibisches Kokosnußhuhn 77
    McJerk nuggets 85
    Panierte Hühnerbrust 85
    Pikante Hühnerbrust 84
    Pikante Hühnersuppe 61
    Rotis mit Curryhuhn-Füllung 32
    Rum-Honig-Huhn mit Pilzsauce 75
    Scharfes Huhn 82
Hummer
    Gegrillter Hummer nach Art der Bahamas 66
    Tropischer Salat von Garnelen und Hummer 41
Hühnerfleischwürfel süßsauer 79

I

Im Backofen gebratener Sägebauch mit Curry 71
Ingwer-Dressing 46
Ingwer-Koteletts mit Curry-Mango 89
Ingwer-Schweinefleisch mit Limetten-Meerrettich-Sauce 97

J

Jamaicanische Kaffeecreme 125
Jerk-Frikadellen 90
Jerk-Gerichte 13, 81–91
Jerk-Würzmischungen 92

K

Kabeljau
    Würzige Kabeljausteaks 64
Kaffeecreme, jamaicanische 124
Kalabasse 14
Kalabassen-Suppe 55
Kanapees
    Kanapees mit Rahmfrischkäse 35
    Garnelen-Pitta-Kanapees 33
    Knusprige Garnelenkanapees im Ingwermayonnaise 36
Karambole 15
    Mango-Karambolen-Salat mit Ingwer-Dressing 46
Karibisches Kokosnußhuhn 77
Karibischer Obstsalat 49
Karibische Brotfrucht-Vichyssoise 56
Kartoffeln
    Kartoffeln nach kreolischer Art 112
    Kartoffelpüree mit Knoblauch 114
Kassave siehe Maniok
Kidneybohnen
    Reis mit Kidneybohnen und Kokosnußmilch 112
Klippfisch
    »Stamp and go«-Klippfischklößchen 34

Knollengemüse, fritiertes, mit Curry-Mayonnaise-Dip 116
Knusprige Schweinefleischhappen mit Chilisauce 96
Knusprige Garnelenkanapees mit Ingwermayonnaise 36
Kochbanane siehe Gemüsebanane
Kokosnuß
    Karibisches Kokosnußhuhn 77
    Kokosbrot 123
    Kokoscreme 14
    Kokosflocken 14
    Kokosnuß-Garnelen-Suppe 60
    Kokosnußmilch 14
    Reis mit Kidneybohnen und Kokosnußmilch 112
    Schoko-Kokos-Bananen-Shake 27
Koriander 16
Königsfisch
    Garnelen mit Dill im Räucherfischmantel 30
Kreolischer Spinatsalat 40
Kürbisse 14

L

Lachsfilets, pochierte, in Dill-Ingwer-Sauce 69
Lendensteak mit Ananas-Chutney 104
Limetten-Dip 34
Limetten-Meerrettich-Sauce 96

M

Mango 15
    Ananas-Mango-Bisque 57
    Ingwer-Koteletts mit Curry-Mango 89
    Mango-Flan 125
    Mango-Karambolen-Salat mit Ingwer-Dressing 46
    Mango-Papaya-Chutney 102
Maniok 14
    Fritiertes Knollengemüse mit Curry-Mayonnaisen-Dip 116
    Maniok-Schnittlauch-Bratlinge 113
Mariniertes Schweinefilet mit Mango-Papaya-Chutney 102
McJerk nuggets 85
Melange (Würzmischung) 92
Milchmischgetränke (Batidos) 27
Mojito (Cocktail) 22

O

Okra 11
    in Callaloo 54
Orangen-Curry-Sauce 65

P

Panierte Hühnerbrust 85
Papaya 15
    Gebratenes und flambiertes Huhn 78
    Hühnerfleischwürfel süßsauer 79
    Mango-Papaya-Chutney 102
    Papaya-Chili-Sauce 96
    Papaya-Citrus-Shake 26
    Salat von Papaya und Citrusfrüchten mit Papayasamen-Dressing, 48
Passionsfrucht 15
    Geeiste Passionsfruchtsuppe mit Joghurt und Vanille 56
    Passionsfrucht-Bananen-Daiquiri 22
    Passionsfrucht-Shake 27
Perfumed Holiday Rum 23
Pfirsich
    Pfirsich-Daiquiri 21
    Bananen-Pfirsich-Smoothie 26
Pikante Fleischtaschen 31
Pikante Hühnerbrust 84
Pikante Hühnersuppe 61

Pikante Schweinekoteletts in Avocadosauce 87
Pikanter Salat von schwarzen Bohnen und Haspel 46
Piment 16
Piña Batido 27
Piña Colada 27
Piña Fizz 25
Pitta-Brot mit gegrillten Garnelen und Mango-Papaya-Chutney 64
Planter's Punch 25
Pomeranze siehe Bitterorange 15
Pooris 32
Port Royal (Cocktail) 22
Präsidenten-Cocktail 22
Putenschnitzel, gegrillte, mit pikanter Sauce 74

R
Rasch gegarte Schweinekoteletts 86
Räucherfisch-Aufstrich 37
Reisgerichte
    Currysalat von Wildreis und Huhn 41
    Pilawreis 88
    Reis mit Augenbohnen und Schinken 108
    Reis mit Kidneybohnen und Kokosnußmilch 112
    Reis-Gemüse-Allerlei 111
    Salat von schwarzen Bohnen und Reis 50
    Straucherbsen mit Reis 117
Roter Schnapper
    Gedämpfter Schnapper mit Orangen-Curry-Sauce 65
    Roter Schnapper nach karibischer Art 68
Rotis, 10, 32
Rum 20
    Rum, in Mixgetränken 20–24
    Rum-Honig-Huhn mit Pilzsauce 75
    Rum jerk (Würzmischung) 92
    Rumsauce 120

S
Salat von Yamsbohne, Orange und gegrillter Zwiebel mit Rum-Dressing 43
Sapote 14
Sägebauch, im Backofen gebratener, mit Curry 71
Scharfe Marmeladensauce 97
Scharfe Sauce süßsauer 93
Scharfes Huhn 82
Schinken
    Reis mit Augenbohnen und Schinken 108
    Schinken mit Ingwer-Rum-Glace 100
Schoko-Kokos-Bananen-Shake 27
Schweinefleisch
    Currykoteletts mit Pilawreis 88
    Gebratene Schweinekeule nach Art Puerto Ricos 98
    Ingwer-Schweinefleisch mit Limetten-Meerrettich-Sauce 97
    Ingwerkoteletts mit Curry-Mango 89
    Knusprige Schweinefleischhappen mit Chilisauce 96
    Mariniertes Schweinefilet mit Mango-Papaya-Chutney 102
    Pikante Schweinekoteletts mit Avocadosauce 87
    Pikanter Salat von schwarzen Bohnen und Haspel 46
    Rasch gegarte Schweinekoteletts 86
    Schweinefleisch »kreolisch« 87
    Schweinekoteletts in Ananassaft 101
    Schweinskarree mit Knoblauch und Tamarindensaft 100
    Tropischer Salat mit Schweinefleisch und Orangen-Minze-Dressing 51
Smoothies 25–26
Spinat
    in Calalou 54
    kreolischer Spinatsalat 40

»Stamp and go«-Klippfischklößchen 34
Straucherbsen 16
    Straucherbsen mit Reis 117

T
Tamarinde 17
    Garnelen mit Tamarindensaft zubereitet 66
    Schweinskarree mit Knoblauch und Tamarindensaft 100
    Tamarindensauce 93
Tannia 14
Tannia-Knoblauch-Bratlinge 115
Three Kings of Fire (Würzmischung) 92
Thunfischsalat mit Curry und tropischen Früchten 42
Tomaten
    Tomaten mit Krebsfleisch 45
    Tomaten-Orangen-Suppe 58
Tropischer Salat mit Garnelen und Hummer 41
Tropischer Salat mit Schweinefleisch und Orangen-Minze-Dressing 51

V
Vanille 17
Vizepräsident (Cocktail) 22

W
Würzen, fertige 13
Würzige Kabeljausteaks 64

Z
Zuckersirup 2